# 税务会计理论与纳税研究

钱建伟　著

中国原子能出版社
China Atomic Energy Press

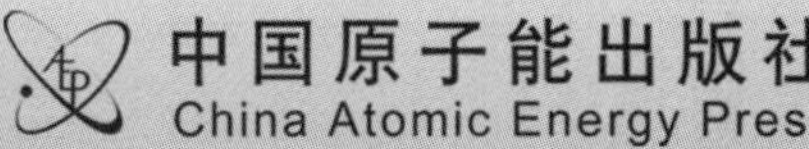

图书在版编目（CIP）数据

税务会计理论与纳税研究 / 钱建伟著 . -- 北京 :
中国原子能出版社 , 2022.12
ISBN 978-7-5221-2568-8

Ⅰ . ①税… Ⅱ . ①钱… Ⅲ . ①税务会计②税收筹划
Ⅳ . ① F810.62 ② F810.423

中国版本图书馆 CIP 数据核字 (2022) 第 241810 号

税务会计理论与纳税研究

出版发行 中国原子能出版社（北京市海淀区阜成路 43 号 100048）
责任编辑 马世玉
责任印制 赵 明
印　　刷 北京天恒嘉业印刷有限公司
经　　销 全国新华书店
开　　本 787mm × 1092mm 1/16
印　　张 11
字　　数 220 千字
版　　次 2022 年 12 月第 1 版 2022 年 12 月第 1 次印刷
书　　号 ISBN 978-7-5221-2568-8 定 价 76.00 元

# 前　言

我国新税制的基本框架，是以增值税普遍调节，消费税特殊调节的流转税制度；这一制度由统一的企业所得税、充实完善的地方税制度等共同组成。增值税和企业所得税两大税种几乎涉及所有的企业，成为调节经济的主要税种。新的增值税扩大了征税范围，增强了调节功能。同时，又实行了价外税和凭专用发票注明税款抵扣的办法，在会计处理上增加了不少较为复杂的内容。新所得税的实施标志着我国财务会计和税务会计的彻底分离，纳税所得和会计利润成为两个独立的经济范畴。所有这些都要求将企业财务会计中有关税务核算的部分分离出来，成为独立的税务会计，才能正确地执行税收法规，准确地计算应缴税金。因此，税务会计是我国新税制实施的必然产物。税务会计的建立，为企业实行自核自缴，自行计算纳税，形成自我管理机制创造了条件，提供了一套系统的税务会计核算方法，税务会计是建立现代企业制度的客观要求。

我国在 2001 年加入 WTO 组织，2005 年 WTO 原则正式在我国启动，我国出口企业遭遇了反倾销、反补贴原则的挑战，政府为了执行 WTO 贸易原则，先后进行了内外资企业所得税的合并，出台了《中华人民共和国企业所得税法》，合并了原先内外资企业执行不一致的“土地使用税”“车船税”等，又相继推出了 2009 年 1 月 1 日增值税的全面转型改革，《中华人民共和国增值税暂行条例》《中华人民共和国增值税暂行条例实施细则》《中华人民共和国消费税暂行条例》的调整等一系列的税制改革。因此，纳税筹划的内容、方法和技巧均要不断地更新，税务会计的内容也要进行调整。

# 目　录

# 第一章　税收与会计

## 第一节　税务会计的基础知识

### 一、税收的概述

#### （一）税收的含义

税收是国家为了满足社会公共需要，凭借公共（政治）权力，按照法定的标准和程序，强制地、无偿地参与社会产品分配而取得财政收入的一种方式。其内涵可以从以下几个方面理解：① 征税的目的是实现国家的社会管理职能，满足社会公共需要。② 国家征税的依据是凭借公共（政治）权力。税收征收的主体只能是代表社会全体成员行使公共权力的政府，其他任何社会组织或个人是无权征税的。当然，与公共权力相对应的必然是政府管理社会和为民众提供公共产品的义务。③ 税收是国家筹集财政收入的主要方式。④ 税收具有无偿性、强制性和固定性的形式特征。

#### （二）税收及其产生

在人类历史的长河中，税收曾经被称为“赋税”“租税”“捐税”等，亦简称为“税”。税收作为一个历史范畴，不是从来就有的，它是人类社会发展到一定历史阶段——国家产生之后的产物，因为国家也不是从来就有的。“曾经有过不需要国家，而且根本不知国家和国家权力为何物的社会。在经济发展到一定阶段而必然使社会分裂为阶级时，国家就由于这种分裂而成为必要了。”（恩格斯，1972）“共和国以一个收税人的姿态向这个阶级表明了自己的存在，而这个阶级则以一个皇帝的姿态向共和国表明了自己的存在。”（马克思，1972a）“捐税表明经济上的国家存在……国家存在的经济体现就是捐税。”（马克思，1972b）由此可见，税收与国家密不可分。国家产生后，就有了其经济体现——税收。此外，还有私有财产制度的产生，没有私有财产，就没有征税的对象。只有同时具备这两个条件，税收才能产生。可以说，税收是国家和私有财产制度并存这样一种特定历史条件下的产物。

国家的出现同税收的产生有着本质的、内在的联系。第一，税收是国家实现其职能的物质基础，而国家为了行使其职能必须拥有一批专政机构、管理国家的行政管理机构，而这些国家机构及其公职人员并不直接从事物质生产，但要不断耗用一定的物质资料时，为了满足这种需要，就要向社会成员征税。第二，税收是以国家为主体，以国家公共（政治）权力为依据的特定产品的分配。只有出现了国家，才能有征税的主体——国家，也才能有国家征税的“凭据”——国家的公共权力。一切国家征税的权力都是从所谓国家所有制而来的，“为了维持这种公共权力，就需要公民缴纳费用——捐税。捐税是以前的氏族社会完全没有的。”（恩格斯，1972）“赋税是官僚、军队、教士和宫廷的生活源泉，一句话，它是整个行政权力机构的生活源泉。强有力的政府和繁重的赋税是同一个概念。”（马克思，1972）私有财产制度的出现同税收的产生也有着直接的、必然的联系。国家可以通过多种形式取得财政收入，但用什么方式，要受客观经济条件的制约。税收是国家凭借公共权力而不是财产权利行使的分配形式，只有社会上存在着私有财产制度，而国家又需要将一部分不属于国家所有或不能直接支配使用的社会产品转变为国家所有的情况下，才有必要采取税收方式；而那些本来就属于国家所有或国家可以直接支配的社会产品，国家无须采用税收的方式去获得，而可以采用利润分配等方式去获得。

“赋税，这是喂养政府的母奶……赋税，这是与财产、家庭、秩序和宗教并列的第五位天神。”（马克思，1972a）税是悬在所有人头上的那把达摩克利斯之剑！

税收是国家为实现其职能，凭借公共（政治）权力，以法律规定，参与剩余产品分配以取得财政收入的一种形式，它体现以国家为主体的特定征缴关系。

美国国税局对税收的定义是：“依据立法机关行使课税权强制征收的，为获得用于公共或政府目的的收入而征收的一种强制性捐献。税收不是为取得某些特权或享有服务的付款，因此，它和依据政府的专门职能和权力征收的其他各种目的的收费是不同的。税收可以被视作一个依法的非自愿的捐献，政府依靠该收入来行使职能。”（墨菲等，2001）

“税收是我们为文明社会支付的对价。”（贾斯汀斯·奥利维尔·温德尔·霍尔姆斯）

“现代税收体系是在崇高的原则和实用主义政治之间的一种不那么令人舒服的折中方法。”（保罗·萨缪尔森）

“世界上除了死亡和纳税，其他都不是必然的。”（本杰明·富兰克林）

古今中外，税收都是遵循“无商无税，无税无国”的运行轨迹而变化和发展的，它深刻地揭示了税收同经济、税收同国家的内在辩证关系。归根结底，税收是为适应人类社会经济发展的需要，特别是国家的需要而存在和发展的，同时，它又被用来作为执行国家职能的必不可少的重要经济杠杆。在税收的历史长河中，各国税收一般都经历了由简单型征税阶段到专制型征税阶段，再到立法型征税阶段的发展历程。

随着社会生产力的发展和社会政治、经济环境的发展变化，税收也经历了一个由简单到复杂，即由不成熟、不完善、不合理到比较成熟、比较完善、比较合理的发展演变过程。历史发展到今天，税收也由一国一制向国际化方向发展，税收的国际协调也日趋明显。

### （三）税收的分类

税收的分类是对税种的分类，是根据每个税种构成的基本要素和基本特征，按照一定的标准将所有税种分成若干的类别。

#### 1. 按照征税对象分类

按照征税对象分类，可将全部税收划分为流转税类、所得税类、财产税类、行为税类和资源税类五种类型。

（1）流转税类是以流转额为课税对象的一类税。它是我国税制结构中的主体税类，目前包括增值税、消费税和关税等。

（2）所得税类，也称为收益税，是指以各种所得额为课税对象的一类税。所得税也是我国税制结构中的主体税类，目前包括企业所得税、个人所得税等。

（3）财产税类是指以纳税人所拥有或支配的财产为课税对象的一类税。我国现行税制中的房产税、契税、车辆购置税和车船使用税都属于财产税。

（4）行为税类是指以纳税人的某些特定行为为课税对象的一类税。我国现行税制中的城市维护建设税、印花税、屠宰税和筵席税都属于行为税。

（5）资源税类是指对在我国境内从多资源开发的单位和个人征收的一类税。我国现行税制中的资源税、土地增值税、耕地占用税和城镇土地使用税都属于资源税。

#### 2. 按照征收管理的分工体系分类

按照征收管理的分工体系分类，可将税收分为工商税类、关税类。

（1）工商税类是指以从事工业、商业和服务业的单位和个人为纳税人的各种税的总称，是我国现行税制的主体部分，由税务机关负责征收管理。如增值税、消费税、资源税、企业所得税、个人所得税等税种。

（2）关税类是对进出境的货物、物品征收的税收总称，由海关负责征收管理，主要是指进出口关税，也包括由海关代征的进口环节增值税、消费税等。

#### 3. 按照税收征收权限和收入支配权限分类

按照税收征收权限和收入支配权限分类，可将税收分为中央税、地方税和中央与地方共享税。

（1）中央税是指由中央政府征收和管理使用或由地方政府征收后全部划归中央政府所有并支配使用的一类税。如我国现行的关税、消费税等。

（2）地方税是指由地方政府征收和管理使用的一类税。如我国现行的个人所得税、城镇土地使用税、房产税、城市维护建设税、车船使用税、印花税、屠宰税、耕地占用税、契税、土地增值税和筵席税等。

（3）中央与地方共享税是指税收的管理权和使用权属中央政府和地方政府共同拥有的，按照一定比例分成的一类税。如我国现行的增值税（中央 50%、地方 50%）和资源税（按不同资源品种划分，大部分资源税为地方收入，海洋石油资源税为中央收入）、证券交易印花税（全部归中央收入）等。

4. 按照计税标准不同分类

按照计税标准不同分类，可将税收分为从价税、从量税和复合税。

（1）从价税是以课税对象的价格作为计税依据，按照预先确定的征税比例计征的一类税。从价税实行比例税率和累进税率，税收负担比较合理，如我国现行的增值税、关税和各种所得税等。

（2）从量税是以课税对象的重量、件数、容积、面积等为标准，按预先确定的单位税额计征的一类税。从量税实行定额税率，具有计算简便等优点。如我国现行的资源税、车船使用税和土地使用税以及消费税中的啤酒、黄酒等。

（3）复合税是征税时同时使用从量、从价两种税率，以两种税率计算的税额之和作为课税对象的税额计征的一类税。如我国现行的消费税中的卷烟、白酒等。

## 二、税收的本质

### （一）站在社会的角度看税收

税收体现的是以国家为主体的分配关系。国家征税的过程反映的是社会再生产过程中人与人之间的利益分配关系，这种分配关系是国家凭借公共权力以法律形式确定的。税收所反映的分配关系具体体现在所有制形式、税收来源和税款使用方向三个方面。

税收是公共权力主体对剩余产品的无偿占有。“税收就是人民把自己财产的一部分交给国家，以便他安全快乐地享有剩余的财产。”（孟德斯鸠）税收只能来源于纳税人的剩余产品价值，不能将物化劳动转移价值和必要劳动价值作为税收的价值来源，税收总量不能超过一定时期社会剩余产品的价值总量。一定时期社会剩余产品的价值总量是国家税收的最大限量（上限），否则会伤及税本，生产经营和投资就会停止，税源就会枯竭。

公共权力主体以税收形式取得的剩余产品份额有“度”的限制。众所周知，对剩余产品的分配形式有多种，税收只是其中之一。剩余产品除满足国家公共权力及其社会管理职能的物质需要外，还是人类社会发展进步的物质基础。税收是非生产费用，政府利用税款提供的公共物品、公共服务是非营利性的，其本身并不创造剩余产品价值，是社会再生产的外在因素（已经脱离社会再生产过程）。因此，只有对剩余产品价值扣除的税收保持适度，即取之有度，才能保证有足够的剩余产品价值用于扩大再生产，进行社会积累，公民生活水平才能不断提高，社会才能不断进步，税源才能充盈。

如何确保公共权力主体对剩余产品价值扣除的税收取之有度，最理想的税制设计当然应是国家只征收一种税——企业所得税。这样，企业计算的应纳税所得额如果是正数，那是真正的“剩余产品价值”，对其征收一定比例的所得税，政府用于向社会提供公共物品、公共服务，而“税后”部分用于企业的经营和分配，合法合规，合情合理。其缺陷是由于不征收间接税，政府不能及时、稳定地取得财政收入，从而不能及时满足政府的财政支出。如果既征收直接税，又征收间接税，因为间接税的税基是收入额（营业额）、收益额等，而且在计税前一般不得进行任何扣除，那就有可能造成政府征收的一部分间接税并非企业的剩余产品价值，从而有悖于税收的本质。如某企业某纳税期间，其应税收入是 100 万元，假定按税法规定本期应交间接税 15 万元，税法认可的同期成本费用、资产损失额是 90 万元，则其应纳所得税的税基是 –5 万元；虽然按目前各国的税法规定，都不必缴纳所得税，但对“–5”的理解与认识不同。从税收的本质是对剩余产品价值征税来看，在企业缴纳的间接税 15 万元中，有 1/3 不属于剩余产品，政府应在当期退回 5 万元。按目前各国的所得税规定，有的国家规定应税亏损可以后转弥补，有的国家规定应税亏损前溯与后转相结合弥补，但都规定具体弥补年限和弥补程序，这就不能完全保证不伤及税本。如果政府只征收企业所得税一种税，如上例，收入 100 万元，减去成本费用 90 万元后，对应税所得 10 万元征收一定比例（税率不能超过 100%）的所得税，完全符合对剩余产品价值征税，而且也不会有亏损弥补（退税）的问题。如上例，收入 100 万元，假定可以扣除的成本费用是 105 万元，政府当年不征税，其亏损 5 万元可以在以后年度的应税所得中抵扣，一直到抵扣完为止。

税的本质是纳税人（民众）购买政府（人员）服务的费用，体现的是政府与纳税人的一种交易关系。税收与国家的公共权力有本质联系，是用来满足社会公共需要的。提供良好的社会秩序和公共服务，创造正常的经营条件，是国家的基本职能。

### （二）站在会计的角度看税收

如果站在会计的角度看税收，那么，无论企业缴纳的是间接税还是直接税，都是企业的成本费用，都会影响企业的财务成果，所不同的只是在哪个环节支出。“税可能是企业所碰到的最大的现金流出之一……如果说繁杂的税收规则看起来有点稀奇古怪或错综复杂的话，记住，税法是政治力量，而不是经济力量的结果。因此，没有理由要求它符合经济观点”（罗斯等，2002），当然，我们也没有理由要求税法符合（财务）会计或者让（财务）会计符合税法。

但会计人员应该谨记，利润表中的“净利润”并非真正的“税后利润”，它是所得税费用后的“利润”，该“利润”额并不意味着一定有相应的现金流。如果企业的应税所得显著大于其账面利润，如果企业以利润表中的“净利润”作为可供分配的利润（还可以加上期初未分配利润），并且“分光吃净”，那肯定会给企业带来严重的财务困难；而真正的“税后利润”应该是利润表中的“利润总额（账面利润）”与企业所得税纳税申报表中的“应纳税额”的差额，它才是有现金保障的“可供分配利润”，会计人员不仅要熟知会计法规，更要掌握税收法规；不仅要正确编报财务会计报告，更要正确填报企业所得税纳税申报表（税务会计报表），因为不论在哪个国家，都要体现“税法至上”。税收是会计人员无法回避的现实，关乎每个纳税人的切身利益。

## 三、税收原则

税收原则是制定、执行、评价税收制度和税收政策的标准，也是影响税收制度确立、税收制度运行的观念体系。税收原则理论是税收理论的核心内容之一。

税收原则受一定的经济理论制约和影响，是在一定的社会、经济环境下形成的。不同的历史时期，由于经济理论的主张各不相同，因而税收原则也不相同。在我国奴隶社会和封建社会中，虽然有一些思想家提出了丰富的治税思想，但未将其抽象概括，没有被普遍接受，未能成为政府税收活动必须遵循的准则和标准。明确提出税收原则并得到政府高度重视是在资本主义制度确立之后。随着资本主义经济的形成和发展，出于完善市场经济、建立现代税收制度的要求，西方经济学家陆续提出了税收原则的理论。例如，威廉·配第（Petty Willian）提出的“公平”“简便”“节省”三原则理论；德国新官房学派的代表人物尤斯蒂（Johan Heinrich Gottlobs von Justi）在其《财政学体系》中以征收赋税不得妨碍纳税人的经济活动为出发点，提出了六原则理论；亚当·斯密（Smith Adam）在其经济学名著《国民财富的性质和原因的研究》（1776）中提出了平等、确定、便利、最少征收费用四项原则；阿道夫·瓦格纳（Adolf Wagner）集前人税收原则理论之大成，进一步发展了税收原则理论。他认为税收不能单纯地理解为从国民经济年产物中的扣除部分，还包括纠正分配不公平的积极目的。也就是说，税收一方面有获得财政收入的纯财政的目的，另一方面又有施加权力对所得和财产分配进行干预和调整的社会政策的目的。基于这种思想，他将税收原则归纳为四大项九小点（亦称“四项九端”）。上述税收原则理论不仅被当时社会普遍接受，对目前税收原则研究仍有深远影响。

现代税收原则是指适应现代社会经济发展和现代国家社会政策需要，税收所应遵循的原则。一般认为，现代税收原则主要有税收公平原则、税收效率原则、财政经济原则和税收法定原则。

### （一）税收公平原则

税收公平原则是指国家征税要使所有纳税人承受的负担与其经济状况相适应，并使各纳税人之间的负担水平保持均衡。它包括两层含义：一是横向公平；二是纵向公平。横向公平是指经济能力或纳税能力相同的人应当缴纳数额相同的税收，也就是说，要以同等的方式对待条件相同的人，税收不应该有所区别。纵向公平又称为垂直公平，是对经济条件不同的人征收不同的税。一般而言，经济能力或纳税能力强的人应该多缴税，反之则少缴税，即以不同的方式对待条件不同的人。

可见，无论是横向公平还是纵向公平，税收公平原则强调的是经济能力或纳税能力的问题。如何测度纳税人的经济能力或纳税能力呢？通常有收入、财产和消费支出三种标准。

收入通常被认为是测度纳税人的纳税能力的最好尺度。因为收入最能决定一个人在特定时期内的消费或增添其财富的能力。收入多表明其纳税能力强，反之则弱。作为收入可以是货币，也可以是实物等其他形式。因此，无论是货币收入还是实物收入都应该纳税，这样才能公平。此外，纳税人的收入也有多种来源，既包括积极的勤劳收入，又包括消极的意外收入或其他收入。对不同来源的收入应加以区分，设置不同的应税标准，也是税收公平原则的要求。

财产也被认为是衡量纳税人纳税能力的适宜尺度。财产代表纳税人独立的支付能力。一方面，纳税人可以利用财产赚取收入，仅仅拥有财产本身也可使其产生某种满足;另一方面，纳税人通过遗产继承或受赠等而增加财产的拥有量，也会给其带来好处，增加其纳税能力。

消费支出是作为测度纳税人的纳税能力的又一尺度。因为消费可以反映出一个人的支付能力大小，凡是消费多的人，其纳税能力就强，消费少的人，其纳税能力就弱。

税收公平原则的重要意义在于：一方面，税收的公平性对于维持税收制度的正常运转是必不可少的。要使纳税人依照法律如实申报纳税，必须使其相信税收是公平的，对每一个纳税人都是公平征收的。如果人们认为税收不公平，如人们看到与他们富裕程度相同，甚至较他们富裕的邻人比他们少缴很多税或享受税收优惠待遇；如果人们认为现实税制不完善、漏洞较多，纳税人的纳税信心就要下降，甚至会千方百计地去逃税、避税，这必然会有碍税收制度的正常运转。另一方面，贯彻税收公平原则是市场经济的客观需要。市场经济环境要求每个经济实体作为市场主体的一方，能够公平地参与市场竞争，自主地开展业务经营。因而要求社会要为企业参与市场竞争创造一个公平的外部环境。税收作为市场要素的一个重要方面，必须为企业参与竞争创造一个公平的税收环境。现代经济学认为，公平原则是市场经济赖以发展的条件。因为现代市场经济是公平竞争的经济，公平竞争是市场经济的本质特征。为促进企业竞争，国家的税制改革和建设就应该向着公平、中性、规范、普遍的税收目标迈进。因此，只有坚持公平的税收原则，才能为市场的所有主体提供尽可能同等的条件，最大限度地避免税收歧视与不公，做到税收负担合理，以利于企业在同一起跑线上展开竞争。

### （二）税收效率原则

税收效率原则就是要求国家征税要有利于资源的有效配置和经济机制的有效运行，提高税务行政的管理效率。税收效率原则又分为税收的经济效率原则和税收本身的效率原则两个方面。

#### 1. 税收的经济效率原则

税收的经济效率原则是指税收应有利于资源的有效配置和经济的有效运行。检验税收经济效率的标准是税收的额外负担最小化和额外收益最大化。按照“帕累托效率”的解释，经济活动上的任何措施都应当使“得者的所得多于失者的所失”。做到这一点，经济活动就可以说是有效率的。反映到税收上，就是国家征税不能干扰经济活动，税收在将社会资源从纳税人手中转移到政府部门的过程中，势必会对经济产生影响。如果这种影响仅限于征税数额本身，此为税收的正常影响；如果除此之外，经济活动还受到干扰和阻碍，社会利益因此而受到削弱，便产生了税收的额外负担；如果在正常影响之外，经济活动还得以促进，社会利益得到增加，便产生了税收的额外收益。

税收的额外负担可以分为两类：一是资源配置方面的额外负担。国家征税一方面减少私人部门支出，另一方面又增加政府部门支出。若因征税而导致的私人经济利益损失大于因征税而增加的社会经济利益，即发生税收在资源配置方面的额外负担。如果资源因征税处于最佳状态，则会产生额外收益。如果资源配置已达到这样一种状态，即任何重新调整都不可能使其他人的境况变坏的情况下，而使任何一人的境况更好，那么这种资源配置的效率就是最大的。二是经济机制运行方面的额外负担。若因征税对市场经济的运行产生了不良影响，干扰了私人消费和生产的正常或最佳决策，同时相对价格和个人行为方式随之变更，即发生税收在经济机制运行方面的额外负担。无论发生哪一种额外负担，都说明经济处于无效率或低效率状态。税收的额外负担越大，意味着给社会带来的消极影响越大。因此，国家征税必须使社会承受的额外负担最小，即以最小的额外负担换取最大的经济效率。

#### 2. 税收本身的效率原则

税收本身的效率原则是指应节约税收行政费用的原则。检验税收本身效率的标准是税收成本占税收收入的比重，即以最小的税收成本取得最大的税收收入，或者税收的名义收入（含税收成本）与实际收入（扣除税收成本）的差额最小。

税收成本（即税收费用）是指税收征纳过程中所发生的各类费用支出。它有狭义和广义之分。狭义的税收成本也称为税收征收费用，专指税务机关为征税而花费的行政管理费用，包括税务部门人员的工资报酬支出、税务部门办公用具和设施支出、征税过程中付出的各种代价等。广义的税收成本也称为税收奉行费用，除税务机关征税的行政管理费用外，还包括纳税人在履行纳税义务过程中所支出的费用，包括纳税人花在申报纳税方面的时间（机会成本）和交通费用等，纳税人为逃税、避税所花费的成本，纳税人因雇用会计师、税务顾问或职业报税人所花费的费用，企业为个人代缴税款所花费的费用等。税收奉行费用不易准确计算，尤其是纳税人花费的时间、心理方面的支出无法用金钱计算，因此，又将这种费用称为税收隐蔽费用。各国政府在测算税收本身的效率时，基本上是按税收征收费用占全部税收收入的比重计算的。影响税收本身效率的因素是多方面的，如税收制度是否规范、税收征管水平的高低、纳税人的纳税意识等。因此，为提高税收本身的效率，要尽量节约税收征纳过程中的人力、物力和财力的消耗，真正做到确实、便利、节省。

### （三）财政经济原则

财政经济原则是指税收分配除有利于财政需要、为国家筹集充足的资金外，还要有利于经济的稳定和增长，即税收分配要兼顾需要与可能的关系，做到取之有度。税收作为政府取得的主要财政收入，是为了满足政府实现其职能。没有税收收入，财政收入就失去了基本的来源，政府的财政支出就没有保证。因此，满足政府财政需要是税收的直接目标和首要职能。要保证税收收入，必须做到以下几个方面。

#### 1. 普遍征税

凡是具有纳税能力的市场经济中的行为主体都必须普遍纳税，消除税收上的一切特权，使税收普及税收管辖权下的一切行为主体，包括自然人和法人，以体现在税收法律法规面前人人平等的征税思想。

#### 2. 主体税种的选择

政府在设计税制时，要选择税源充沛、收入可靠的税种作为主体税，这样才能使政府有稳定、充足的收入来源，以满足财政支出的需要。

#### 3. 税基的确定

在税率既定的条件下，税基越大，税收收入越多，而扩大税基的基本途径就是减少税收优惠措施。因为税收的各种优惠过多不仅直接减少了财政收入，也有悖于横向公平原则；另外，较多的税收优惠还会给某些纳税人逃避缴纳税款带来可乘之机。

经济决定税收，税收反作用于经济。这是税收与经济的一般规律。增加财政收入的根本途径在于经济的增长。只有经济获得了发展，才能保证税收有可靠和取之不竭的来源。一般认为，税收促进经济发展的基本要求是：第一，征税不能伤其税本。税本是产生税源的基础，征应征之税源，而不能征之税本。只有保护税本，才能涵养税源，从而增加财政收入。第二，税负不能过重。征税要做到取之有度，即税率设计要适度。在税率设计时，对直接税，要与纳税人的纳税能力相适应，量能赋税，量力负担；对间接税，应注意商品的供求弹性，避免因征税而导致生产和消费失去平衡。

### （四）税收法定原则

税收法定原则也称为税收法定主义，是指税法主体的权力责任或权利义务必须由税法加以规定，税法的构成要素必须且只能由法律予以规定，涉税行为均以法律规定为判断依据。税收法定原则是税收立法、税收执法、税收司法等涉税活动的最高法律原则。作为税法的基本原则之一，税收法定原则一直是税法理论研究的重要内容。

税收法定原则始于英国。1215 年，英国《大宪章》规定："一切盾金或援助金，如不基于朕之王国的一般评议会的决定，则在朕之王国内不允许课税。"此后，1627 年的《权利请愿书》规定："没有议会的一致同意，任何人不得被迫给予或出让礼品、贷款、捐助、税金或类似的负担。"这是税收法定原则的萌芽。直至 1689 年英国国会制定《权利法案》，重申"国王不经国会同意而任意征税，即为非法"，才正式确立了近代意义上的税收法定原则。税收法定原则已经逐渐成为一条重要的宪法或税收基本法的原则而被各国所接受或采纳。

税收法定原则的本质要求在于以法律保护纳税人的权利和公民在税收立法上的广泛参与。税收法定原则以对征税权力的限制为其内核，与罪行法定原则一起在近现代历史发展中分别担负着维护人民的财产权利和人身权利的重任。它不但是法治主义的重要组成部分，而且，从渊源上说，还是现代法治主义的发端与源泉之一。同时，税收法定原则要求必须以宪法明文规定的形式而得以体现，故又与建立现代民主宪政的历史密切相关。

税收法定原则一般由课税要素法定原则、课税要素明确原则和征税合法原则构成。

## 四、税制构成要素

税制构成要素就是构成税收制度的基本因素。按税收制度的内容划分，税收制度有广义和狭义之分。广义的税收制度包括各种税收法规、税收管理体制、税收征收管理制度和税务机关内部管理制度；狭义的税收制度主要是指税收法规和税收征管制度。因此，作为税收制度的基本因素，税制构成要素包括税收法规构成要素、税收管理体制构成要素、税收管理制度构成要素和税务机关内部管理制度构成要素。但在实务中，税制构成要素一般仅指税收法规构成要素，即税法构成要素，也就是狭义的税制构成要素。

### （一）纳税权利义务人

纳税权利义务人，简称纳税人。纳税人可以是自然人，也可以是法人。

#### 1. 自然人

自然人是指依法享有民事权利，并承担民事义务的公民。在税收上，自然人依法对国家负有纳税义务。

#### 2. 法人

法人是指依法成立、能够独立支配财产并能以其名义独立享有民事权利和承担民事义务的社会组织，法人负有依法向国家纳税的义务。

### （二）课税对象

课税对象也称为征税对象，是征税的标的物，也是缴纳税款的客体。每种税都有自己的课税对象，它是区别不同税种的主要标志，体现不同税种征税的基本界限，决定着不同税种名称的由来以及各税种在性质上的差别，并对税源、税收负担等产生直接影响。

与课税对象有关的概念有以下两种。

1. 课税依据

课税依据即计税依据，是税收制度中规定的计算应纳税额的根据，在理论上也称为税基，纳税人的应交税款是根据计税依据乘以税率计算出来的。不同税种的课税依据不同，有的是收入额，有的是所得额，有的是销售数量。如果课税依据是价值形态，则课税对象与课税依据一致；如果课税依据是实物形态，以课税对象的数量、质量等作为计税依据，则课税对象与课税依据一般不一致，如车船税，其课税对象是各种车辆、船舶，而其计税依据则是课税对象的计量单位——辆、整备质量吨、净吨位的吨、长度米等。

2. 税源

税源就是税收的最终出处，即税收的源头。在税收实务中，人们通常将课税对象称为税源，这是从取得税收收入说的。在理论上，税源是指在国民收入初次分配中已经形成的各项收入，表现为利润、工资、利息、租金收入等。只有在少数情况下，课税对象同税源才是一致的，而大多数税种则是不一致的。课税对象是明确课税的直接依据，而税源则是税收收入的最终来源。

### （三）税目

税目是征税对象的具体化，反映具体的征税范围，体现每个税种的征收广度。对那些征税对象简单明确的税种，可以不设税目。对征税对象比较复杂的税种，在税种内部不同征税对象需要采取不同的税率档次进行调节时，就需要对该税种的征税对象作进一步的划分，其划分类别就是税目。税目可以分为列举税目和概括税目两种。

### （四）税率

税率是应纳税额与课税对象（计税依据）之间的关系或比例，是计算应纳税额的尺度，体现课税的深度。每种税的税率高低直接关系国家财政收入的多少和纳税人的税收负担的大小。因此，税率是体现税收政策的中心环节，是构成税制的最基本要素。

按照税率的经济意义，税率可以分为名义税率和实际税率两种。名义税率就是税法上规定的税率；实际税率就是纳税人实际缴纳的税额与其全部收益额的比例（比重）。在一般情况下，同种税的实际税率要低于其名义税率。

按照税率的表现形式，税率可以分为以绝对量形式表示的税率和以百分比形式表示的税率。

1. 定额税率

定额税率是指按纳税对象的一定计量单位规定固定的税额，而不是规定纳税比例，因此又称为固定税额。它是税率的一种特殊形式，一般适用于从量征收的某些税种、税目。在具体运用上，定额税率又分为地区差别定额税率、幅度定额税率、分类分级定额税率等不同形式。

2. 比例税率

比例税率是指对同一征税对象，不论数额大小，都按同一比例纳税。税额与纳税对象之间的比例是固定的。比例税率在具体运用上又可分为产品比例税率、行业比例税率、地区差别比例税率、幅度比例税率及其他一些比例税率等多种形式。

比例税率的优点是：对同一纳税对象的不同纳税人税收负担相同，有利于企业在大体相同的条件下展开竞争，促进企业加强管理，提高经济效益；计算方便，有利于企业核算、缴纳，也便于加强税收稽征管理工作。

比例税率的主要缺点是：不分纳税人的收入多少、设备好坏、生产经营状况等，都按同一税率征税，这与纳税人的负担能力不完全适应，在调节企业利润水平方面有一定的局限性。

3. 累进税率

累进税率是指按照纳税对象数额的大小，实行等级递增的税率，即把纳税对象按一定的标准划分为若干个等级，从低到高分别规定逐级递增税率。这种税率制度有既可适应纳税人的负担能力，又便于充分发挥调节纳税人收入水平的作用，而且适应性强，灵活性大，一般适用于对所得利财产的征税。按累进税率结构的不同，又可分为全额累进税率、超额累进税率和超率累进税率三种。

### （五）纳税环节

纳税环节是指对处于不断运动中的纳税对象选定应该缴纳税款的环节。税法对每一种税都要确定纳税环节，但有的税种纳税环节比较明确、固定，而有的税种则需要在许多流转环节中选择和确定。从对流转额的纳税来看，由于产品从生产到消费，中间要经过工业生产、商业批发、商业零售等环节，可以选择在产品的生产环节或第一次批发环节纳税，对其他环节可以不纳税，即实行“一次课征制”，如资源税；也可以在产品出厂销售时缴纳一次工业环节的税，经过商业零售环节时再缴纳一次税，而对商业批发等中间环节不纳税，即实行“两次课征制”；还可以在工业品的产制、批发和零售环节都纳税，即实行“多次课征制”。

### （六）纳税申报期限

纳税申报期限是指纳税人在发生纳税义务后，应向税务机关申报纳税的起止时间。它是税收的强制性、固定性在时间上的体现。不同税种、不同纳税人的具体纳税申报期限不同。纳税申报一般分为按期申报与按次申报两种类型。纳税人应在纳税申报期限内进行纳税申报，超过限期未申报纳税的，属于税收违法行为，应受到相应的处罚。

### （七）税额计算

税额计算是根据纳税人的生产经营或其他具体情况，对其应纳税产品（商品）或项目，按照国家规定的税率，采取一定的计算方法，计算出纳税人的应纳税额。每种税都明确规定了应纳税额的具体计算公式，但基本计算方法相同：

应纳税额=计税依据×适用税率

在具体运用公式中的“计税依据”时，又涉及两个概念：一是计税单位，亦称为计税标准、课税单位，它是课税对象的计量单位和缴纳标准，是课税对象的量化。计税单位分为从价计征、从量计征和混合计征三种。从价计征是以价值形态的货币金额作为课税对象的计量单位，大部分税种属于此类;从量计征是以课税对象的重量、数量、容量、面积等实物形态为计税单位；混合计征是从量与从价复合计征。二是计税价格。对从价计征的税种、税率一经确定，应纳税额的多少就取决于价格因素，计税价格按照是否包含税款划分，又可以分为含税价格和不含税价格。

### （八）税负调整

纳税人税负的轻重，除通过税率体现外，还可以通过其他措施来调整。税率主要体现税负的统一性，而税负调整则体现税负的灵活性。税负调整分税收减免（减轻税负）和税收加征（加重税负）两种情况。

1. 税收减免

税收减免是对某些纳税人和纳税对象给予鼓励和照顾的一种特殊规定，减税是对应纳税额少征一部分税款，而免税是对应纳税额全部免征税款。除税法另有规定外，一般减税、免税都属于定期减免性质，期满后要恢复征税。减税、免税体现税收在原则性基础上的灵活性，是构成税收优惠的主要内容，但它存在扭曲资源配置的缺点。税收减免主要有法定减免、特定减免和临时减免（困难减免）三种类型，税收减免的形式有减税、免税、起征点（计税依据的数额未达到起征点的不征税，达到或超过起征点的，就其全部数额征税）和免征额（只对超过免征额的部分征税，有利于保证纳税人的基本所得）。

2. 税收加征

税收加征包括地方附加（简称附加）、加成征收和加倍征收三种形式。

# 第二节 税收与政府会计

## 一、税收与政府会计概述

国家产生后，就有了管理国家的政府，政府要保持国家机器的正常运转，就要组织收入并安排支出。因此，就需要进行收支计量、记录和报告的会计——政府会计。在我国历史上，政府会计曾被称为官厅会计。官厅会计实则为古代国家会计，它是民间会计的对称。至明清时，仍称官厅会计，乃至“中华民国”时期，有些学者仍然将政府会计称为官厅会计。西方国家中的covernmental accounting或municipal accounting，其原意是国家的会计，意译为政府会计。官厅会计“主要是用于计量、记录历代官府各项收支活动的一种会计”（李建发，1999）。

在中国会计发展史上，官厅会计比民间会计发展快、成熟早。“自夏商及西周以来历代的官厅会计处于支配地位，而民间会计则大体亦步亦趋，尾随其后，其差别甚微。从总的方面看，至元明之际，我国民间会计大体落后于官厅会计。”（郭道扬，1982）我国著名会计史学家郭道扬教授分别从政治和经济两个方面分析会计专职产生的动因。对后者，他写道:“在中国专职之中，围绕对日益复杂经济的管理，类似‘财政’‘记账’之类的专职设置也当然成为必需。”（郭道扬，1999）当初的官厅会计为适应政府管理的需要，应该是包括相当于现在的税收会计、国库会计和政府会计的“大政府会计”。郭道扬教授在对《周礼》的研究（郭道扬，1999）中，考证“天官之长大宰（亦称冢宰）为六卿之首”，其理财主要依靠会计组织部门、国库组织部门和地官大司徒所管财计部分。

1. 会计组织部门

在该组织部门，司会为最高长官，协助大宰分管周王朝财计的主要方面，其具体职能为：① 组织对官厅财政收入的全面核算，定期提供会计报告，供大宰理财所用，接受周王检查。② 通过定期钩考，监督税收的实现及财务在各管理部门的收支动态。凡财用必管，凡会计必揽，各税务征收环节与各财务保管部门均须司会的全面考核。③ 司会通过属下掌管国王控制之下的户籍及土地图形，以这方面的数据作为考核有关赋税征收的依据。

司会又管辖四个部门：① 司书，具体主管会计核算的官员。② 职内（内，读音nà），具体负责考核王朝的各项赋税收入，以落实各项税收，是掌握收入的出纳官员。③ 职岁，具体负责考核王朝财物的各项支出，以监督各项开支的合理性、合法性，是掌握支出的出纳官员。④ 职币，掌管财物结余，也是出纳官员。通过对财物结余之数及其开支的计量、记录控制结余财物的合法花销。

2. 国库组织部门

西周时的国库组织部门称为“寺”，“寺”中设库官总管，其下按财物保管类别分设专门库官管理。国库长官为大府，官级为下大夫，其职责是：总管国库的财物收入（部分赋税收入除外）；统领各库长官，组织财物保管；总管国库财物支出（地方所管部分除外）；岁终，组织总考国库财物入出，向上级报告考核结果。

3. 地官大司徒所管财计部分

地官大司徒系统分掌赋税收入组织工作，主要集中在商税与农牧税赋的组织管理方面，其征收工作由地官大司徒系统组织进行。对于商税收入、赊贷所收入钱币，以及农税所征收的谷物，也相应分设专仓保管。

从《周礼》中的“九府出纳”组织制度可以看出，我国自西周至战国时期，在财计组织建设方面，已经有很大进步。分部建制，会计、出纳分工，会计与税务、国库分别设置官制，形成经济牵制、明确受托责任。以后各朝代，尽管会计和税收各有职责分工，但一般都是归一个部门主管。

历代统治者对税收的重视都是一贯的，税款的收入和支出都曾是政府会计的核心内容。可以说，在立宪（立法）型征税阶段之前，“税收法制”明显地表现为单向施加，国家拥有绝对的征税权力，而臣民则只有绝对的纳税义务。国家征多少，臣民就得缴多少，记账、算账主要是征税人的事。如果纳税人要记账，也只能是事后记录而已。因此，税收对政府会计（税收会计）的重要性显然大于对纳税人的重要性。

但随着政府职能的不断扩大，财政收支项目逐渐增多，收支额度逐步增大，对支出效果的重视以及法制建设不断建立、健全，政府会计的职能作用也在不断发生变化。政府会计逐步发展、分离，税收会计、国库会计从政府会计中逐步分离出来，成为相对独立的专门会计（但仍属于政府会计范畴）。

新中国成立后，我国政府会计一直称为预算会计。预算会计是反映政府的预算收支及其结果的会计（也反映与当期预算执行相关的财务收支及其状况），现代政府会计应是现代政府财务会计，即以财务收支为主导的政府会计。现代政府会计除包括现行预算会计的内容外，还要连续、系统、完整地反映预算收支对政府财务活动产生的累积影响。现代政府会计是以现代政府为依托，而现代政府的一个共同标志应是依法治国，实行法治（盖地，2002）。

人类进入 20 世纪以后，随着国家机器的不断强大和强化，国家立法体系的不断完善，许多国家的政府都经历了和经历着不断增大的财政压力，政府会计才日益受到重视，政府会计才日趋规范。

## 二、税收与税收会计

税收会计是税务机关核算和监督税款征收和解缴的会计。由于征税主体的不同，税收会计可以具体分为工商税收会计、关税会计、农业税会计等。税收会计的产生要早于民间会计（包括传统会计、纳税会计等），尽管在一个很长的历史阶段，对税款（含实物）征收和分配的核算与监督都是包括在政府（官厅）会计之中，税收会计没有形成一个相对独立的会计。我国在计划经济年代，税收收入占财政收入的比重很小，税收会计还不能称为独立的会计，它与税收计划、税收统计捆绑在一起；1983 年、1984 年实行第一步、第二步“利改税”，试图“以税代利”，但税收会计仍无发展，依然落后于其他会计。1986 年 4 月，财政部颁发了《关于税收计划、会计、统计工作制度》，首次明确了税收会计是一个独立的专业会计，并将新中国成立以来税收会计一直采用的单式记账法、以表代账进行了改革，改为复式收付记账法。由于这次仅限于核算方法的改革，在核算范围上仍然未将税金的应征、减免、滞纳等内容纳入税收会计的核算范围，税收会计还有明显的缺陷。1991 年 8 月，国家税务总局颁布了《税收会计改革方案》和《税收会计核算试行办法》，将核算范围做了延伸，扩大到税款申报环节，将收付记账法改为借贷记账法，由原来的收付实现制改为分段联合制，即修正的权责发生制。这是一次实质性的改革，使我国税收会计开始与现代会计接轨。1994 年，国家税务总局又颁发了《关于税收会计改革工作安排的通知》（从 1996 年 1 月 1 日起执行）。从此，我国建立了包括税款申报、税款征收和税款入库三个环节的、较为完整的税收会计。

我国税务机关作为税收行政单位，实行“收支两条线”，其本身的行政支出靠预算拨款，其经费拨入与支出的核算执行行政单位会计制度；只有税款的征解核算才趋于税收会计。由此可见，在税务征收机关形成了两种会计制度、两套账表体系，但都属于政府会计范畴。由于税务机关在会计上执行两种会计制度，不能在税收会计中直接提供税收征解的成本资料，不便于通过税收会计直接考核各地区、各基层税务征收机关的成本费用水平、效率与效果等，也不能利用税收会计资料评价每个税种的征收成本，从而为国家税制改革提供直接依据，更谈不上向纳税人披露诸如分地区、分税种的人均征税收入、百元税收成本等税收会计信息（财务指标）。

笔者认为，我国还应进一步改革税收会计，彻底摆脱在计划经济运行机制下长期形成的税收会计与税收计划、统计三者一体的思维定式，借鉴发达国家税收会计的经验，借鉴我国企业会计制度改革的经验，重新设计一套税收会计制度，在“制度”中应明确税收会计目标、基本前提（假定）、一般原则和会计要素等。在此基础上，设计税收会计科目、税收会计报告，使我国的税收会计适应市场经济运行机制的需要，建立独立的、比较规范的中国税收会计和税收会计信息披露制度。克服重计划轻会计、重征收轻核算（管理）的现象，充分发挥税收会计在税收征管中的重要作用，切实搞好税收会计与金库会计的衔接，努力协调税收会计与纳税人会计的关系。

因为资本主义以前的税收制度赋予的权利与义务是单方面的，它可以孕育税收会计，但不会催生近代意义上的税务会计。税收会计的发展离不开会计理论的支撑，更离不开税收法制建设的不断健全和完善，以及现代政府会计体系的建立和健全。

# 第三节　税收与纳税人的会计

自税收产生之日起，它就与会计有了不解之缘。无论是在税务征管方，还是在纳税人一方，税收与会计都是息息相关的。现代税收离不开会计，离开会计的税收是不可想象的，但会计也摆脱不了税收（除非国家不征税）。

自从税收产生以后，税收与会计的关系以及如何处理两者的关系就成为会计理论界与实务界关注的焦点。由于各国的政治、经济、文化等背景不同，税收与会计的关系以及如何处理两者的关系也有差异。

## 一、税收与会计：漫长而曲折的“关系史”

纵观各国税收与会计的关系，一般都经历了从两者各自为政，到两者试图适应对方，再到两者适当分离这样漫长而曲折的历程。虽然各国税收与会计“关系史”的具体划分时间不会相同，但大致都经历了如下三个阶段。

### （一）各走各的路——走不通（19 世纪前）

在一个较长的历史时期，税收与会计是各自为政的，两者之间没有必然的联系。“两者之间没有必然的联系”，是因为两者都没有意识到对方的重要性、对方的存在对自己的影响。从会计的角度看，会计仅仅是事后消极地反映其缴税税种、缴税金额，而没有考虑不同的会计处理可能会有不同的结果，更不会考虑如何通过会计去实现或许对自己更为有利的结果；从税收的角度看，政府仅仅是为了收入而征税，而没有考虑征税效率、征税成本，不会考虑如何借助于纳税人的会计去征税，因为一旦出现入不敷出，政府可以巧立名目修改“税法”或开征新税。

当国家由“君主主权”过渡为“公民主权”后，税收开始以法律的形式存在，纳税人的会计也因经济活动、组织结构日趋复杂多样而逐步成熟规范。

从历史上看，政府征税都是为了满足其不断增长的财政支出的需要。政府征税，有政府会计（税收会计）记录和报告;财政预算支出，有政府（预算）会计记录和报告。但在一个相当长的历史时期，由于税制不成体系、简单而又多变，不可能，也无必要对纳税人的会计核算提出像今天这样的具体要求，而且当时的纳税人也不具备正式会计记录的条件。因此，税法的制定与修订，没有考虑或者很少考虑纳税人在会计上是如何记录、如何反映的，这就使税法的执行缺乏可靠的纳税人会计的支持（基础）。随着以所得税为标志的税收的不断法制化，现代企业制度的逐步建立，企业（财务）会计的不断规范化和会计职业的市场化，税务机关代表国家要征税，以保证国家的财政收入，企业会计要为纳税人计税、缴税和筹划，以实现企业的税收利益（财务目标），主要为投资人和债权人服务，注册会计师受托进行审计和咨询，以发挥社会公正会计的作用。“税收”使征纳税双方的利益连在一起，“税收”也使征纳税双方不断发生矛盾和冲突。事实证明，各走各的路是走不通的。因此，必须进行沟通和协调，互相顾及对方，以降低各自的成本，实现各自的目标（利益）。

### （二）保持一致——难以适应各自的目标（19 世纪至 20 世纪初）

星移斗转，税收与会计之间进入了相互影响、相互借鉴的阶段，两者力图缩小差异、协调一致。税收与会计走过了一段相互承认、相互适应、共同发展、会计所得与纳税所得彼此较为一致的发展时期，也可以说是两者的“蜜月期”。在此期间，由于税法借鉴会计的合理思想内核和程序、方法，促进了其自身的发展。可以毫不夸张地说，如果离开会计，如果没有精妙的双式（复式）记账，体现现代文明的现代税收、追求利润等将不复存在。同时，由于税法的改进和不断完善，也大大推动和规范了会计实务的处理，从而导致了对公认会计程序与概念的修正和发展。但由于征纳税双方各自角度不同、目标不同，在税收利益上不可能保持一致。探讨税收与会计从互相模仿的初级阶段到寻求最佳的结合点、最优的关系模式，是会计理论与实务界至今都在关注的问题。

### （三）适当分离——各自完善之上策（20 世纪初至今）

税收与会计虽然关系密切，但由于两者存在以下诸多不同，因此，很难在所有涉税事项上长期并行不悖与完全一致。若要保持一致，只能以（财务）会计的牺牲、迁就（降低质量）为代价，但这又不符合（财务）会计的发展方向和目标。

（1）目标不同。税收依据公平税负、方便征管的原则，根据国家的需要确立各税种的征收范畴，对可供选择的会计方法必须有所约束和控制，以保证国家的财政收入。而财务会计则是以投资人、债权人为导向，主要反映企业的获利能力和偿债能力，反映企业的资产、负债、所有者权益、利润总额、每股收益等。

（2）内含概念不同。税收与会计两类法规的敏感度不同。税法中包括了修正一般收益概念的社会福利、公共政策和权益条款。税收管理必须公正地对待具有不同支付能力的人。除此之外，税法还应制定各税种的实施细则，以便征纳税双方正确执行、具体操作。这种发展趋势取决于法律上的先例，而不是寻求数据资料在经济业务中的含义。因此，律师与会计师之间关于税收的争议不仅限于简单的司法问题，而且涉及收益计量的法律方法和会计方法之间的根本差异问题。

（3）确认计量所得的标准不同。税法规则和会计准则的最大差别在于收益实现的时间和费用的可扣减性上。税收制度是收付实现制和权责发生制的混合物，因为计算应税收益是要确定纳税人立即支付现金的能力、管理上的方便性以及征收税款的必要性，这些虽然与会计上的持续经营假设相矛盾，这使税收（纳税）年度自身存在独立的倾向。关于收益的税收概念的中心问题是会计期间，而不是配比，从而使利润逐渐与获利有关的支出相分离。

（4）确认计量的要求不同。税法的唯一性与财务会计的多样性（职业判断）导致两者确认计量的不同。税收是依据现行税法确认计税依据、计算应税所得，不求理论上的尽善尽美，只求操作上的方便可行，最终体现在符合税法要求的纳税申报表上；而财务会计则是根据会计准则、会计制度的要求，客观、公允地反映企业的净资产变动和财务成果等。此外，税收制度包括了对争议问题进行税务行政复议或交由法庭做出最终裁决的程序，而会计界则缺乏类似的解决会计实务中差异问题的裁决组织，这也进一步加快了会计向着与税法的协调统一（但不是被动适应）的方向发展。

## 二、税收与会计：相互影响，又呈强弱之差

### （一）会计对税收的影响

会计成功地影响税收的最典型，同时也是最早的案例发生在 1909 年，1909 年年初，美国国会通过的特别交易税（特许权税）法案，对公司 5000 美元以上净收益征收 1% 的税款。所通过的法律明确指出，收入与支出必须以收付实现制计算，而非以权责发生制为基础。由于事先未听取会计职业团体的意见，忽视了当时的企业会计计算程序和会计处理方法（当时的美国税务机关一直是按收付实现制计算税款，而美国的大中型企业已经提出现代意义应税所得额的计算方法，会计开始采用应计制、对设备计提折旧、对应收账款计提坏账准备等，有时会造成应税所得额大大超过其账面利润），激起了美国会计职业界的强烈反对。当年 7 月，12 家著名会计师事务所发表致国会的公开信，指出国会所通过的法案中存在的“会计错误”，认为它是“绝对不宜采用的”，“违背了所有正确的会计原则”。还有些人撰文质问国会为什么不事先征询会计职业团体的意见，为什么没有损失后移扣减的规定，为什么只有公司直接投资成本才允许计提折旧，而不能更为普遍地通过使用备抵资产账簿……认为“税务当局犯了一个错误，他们多次在缺乏会计理论知识的情况下做出理论上的决策”（查特菲尔德，1989）。

1909 年年终，美国财政部发布了一条法令允许采用权责发生制来确定净利润，还允许公司估算会计年度的期末库存，这是会计界第一次成功地动摇了所得税法。作为纳税人的会计——企业会计，当然不可能不反映各种税款的计算和缴纳及其对企业财

务成果的影响。这就说明税收与纳税人的会计不可能互不相干，关键是如何正确处理两者之间的关系。

1913 年，美国国会重新修订了所得税法案，规定应税所得额的确定必须以会计记录为基础，从而将会计业务和税务活动紧密结合在一起，对经营费用、税金、利息、损失、坏账、折旧等允许作相应扣减，其基本思想沿用至今。1916 年，美国税法第一次规定，企业应税所得额的确定必须以会计记录为基础，从而使税收与会计密不可分，同时，也扩大了职业会计师的执业范围。同年，美国联邦岁入法允许采用权责发生制记账的纳税人采用同样的办法编制纳税申报表，从而改进了收益的确认和计量方法。

1918 年的联邦岁入法第一次以商业会计实践为基础，确立了纳税准则。1918 年以后的各项法律都有这样类似的说明："根据采用的标准会计方法，一般都能够明确地反映所得收入。"所得收入应该"依据记账时通用的会计方法"计算。这些税收法规都说明了准许采用会计基本方法，特别允许采用权责发生制和会计年度，必要时还可以进行库存盘点。法院的判决也开始倾向于支持确认收入的会计方法。1921 年，联邦岁入法允许使用坏账备抵、净损失移后扣减以及合并收益的做法。它还第一次给出了资本收益的优先处理方法，并通过确认通货膨胀会抵消所得收益的部分价值而明确了收入与资本的划分。

最初的美国联邦收入法就是由于借用了会计技术才得以实施（如应纳税额的计算），而以后的税法因采用了越来越多的会计方法才使其愈来愈成熟。可以说，税收制度是借助会计理论才得以建立和发展的。会计对税收的这种影响主要可以归纳为两点：① 由于企业会计要解决的主要问题是正确计算期间收入、费用和利润，计算所得税是企业会计的主要任务，因此，计算应交所得税理所当然地要模拟会计处理程序和方法；② 在计算会计利润上，通过促进税收法规和企业会计实务的一致性，将两者的矛盾减少到最低限度。这些影响与税法本身一样，既具有刺激性，也具有惰性，是激发各国不断协调税收与会计关系的内在动力（查特菲尔德，1989）。

进入 20 世纪后，随着资本主义国家经济的发展、现代企业制度的建立、企业产权的频繁变动、财务会计规范的逐步建立，会计对税收的影响显而易见，如折旧方法、存货计价方法和租赁业务、企业合并、商誉等的会计确认、计量和记录方法，几乎所有国家对于诸如工资薪金、销售收入等许多项目的确认计量，税收制度都是以会计制度为基础的。

新中国成立不久，政务院在 1950 年先后颁布实施了《工商业税暂行条例》《工商业税暂行条例施行细则》，对纳税人如何正确计算和缴纳税款，从会计的角度做出了具体规定，如在《工商业税暂行条例施行细则》中，专门将"会计处理""计算方法""资产评估"等各列一章，规定了会计年度的起止时间、固定资产折旧年限表等；此外，对纳税人设立账簿、凭证、保存期限等都做了具体规定。这些规定起到了对税务会计的管理和监督作用。

在我国现行税法中，借用、认可会计程序和方法的地方也随处可见。

自 2001 年起，企业执行财政部颁布的《企业会计制度》（财会字〔2000〕25 号）后，“为减轻纳税人财务核算成本和降低征纳双方遵从税法的成本，有利于企业所得税政策的贯彻执行和加强征管”，税法在明确两者有关差异的基础上，对企业投资的借款费用、租赁的分类、坏账准备的提取范围、销货退回等，认可了《企业会计制度》的规定。

为了便于企业执行 2006 年财政部发布的《企业会计准则》，协调会计与税收之间的政策差异，财政部、国家税务总局颁布了《关于执行〈企业会计准则〉有关企业所得税政策问题的通知》（财税〔2007〕80 号，以下简称《通知》），《通知》明确了以下四个问题。

（1）企业对持有至到期投资、贷款等按照新会计准则规定采用实际利率法确认的利息收入，可计入当期应纳税所得额。对于采用实际利率法确认的与金融负债相关的利息费用，应按照现行税收有关规定的条件，未超过同期银行贷款利率的部分，可在计算当期应纳税所得额时扣除，超过的部分不得扣除。

（2）企业按照国务院财政、税务主管部门有关文件规定，实际收到具有专门用途的先征后返所得税税款，按照会计准则规定应计入取得当期的利润总额，暂不计入取得当期的应纳税所得额。

（3）企业以公允价值计量的金融资产、金融负债以及投资性房地产等，持有期间公允价值的变动不计入应纳税所得额，在实际处置或结算时，处置取得的价款扣除其历史成本后的差额应计入处置或结算期间的应纳税所得额。

（4）企业发生的借款费用，符合会计准则规定的资本化条件的，应当资本化，计入相关资产成本，按税法规定计算的折旧等成本费用可在税前扣除。

2007 年 3 月，第十届全国人民代表大会第五次会议通过了《中华人民共和国企业所得税法》，之后，国务院颁布了《中华人民共和国企业所得税法实施条例》。新的企业所得税法吸收了《企业会计准则》中的若干规范（包括上述《通知》中明确的问题），主要有以下内容。

（1）取消了计税工资的规定。

（2）取消了将自产货物用于在建工程、管理部门及非生产性机构视同销售的情况。

（3）取消了对固定资产单位价值量的规定，仅以使用年限超过 12 个月为条件确认固定资产。

（4）取消了对固定资产残值率的规定，允许企业根据固定资产的性质和使用情况，合理预计净残值，预计净残值一经确定，不得改变。

（5）取消了发出存货计价方法中的后进先出法。

（6）待摊费用可以在当期一次扣除、分期收款销售收入可以分次确认等。

同时，还引入了会计准则中的公允价值、计税基础等概念（引入其名，但未全部引入其实，一定要掌握两者之间的实际操作差异）。

如果在计税时，财务会计的确认计量不必或不被调整，说明会计准则、制度在一定程度上影响了税法，即税法接受了财务会计的某些规范标准。由此可见，无论是过去还是现在，无论是国外还是国内，会计对税收的影响都是明显的，有的是实质性的影响，有的是一定程度的影响，有的可能仅是表面的影响，但都是显而易见的影响。诚如凯文·E.墨菲等人（2001）所言："如果没有这些基本的会计概念，税制不可能有序、有效地运行。或许更重要的是，如果没有这些概念，纳税人就可以操纵他们的活动，在许多年都能够逃避缴税"，其中的"会计概念"主要指会计实体（主体）、年度会计期间等基本概念。税法应尽可能，同时也应该保持与会计（准则、制度）的协调，这样，不仅有利于纳税人，同时也有利于税收征管方。

## （二）税收对会计的积极影响

税收对会计的影响是多方面的、显而易见的、持续至今的。可以说，对会计影响最大的莫过于税收法规，从企业筹建伊始至企业破产清算为止，都不能摆脱税收的影响。但税收对会计的影响程度却有巨大差异，在英国、美国等国表现得最小，而在德国、法国等国则表现得很大。但无论在哪个国家，"对于会计这个行业来说，如果没有税收问题，那么这个行业的复杂程度将会惊人地降低。"（孙凯，1997）这种影响既有积极的一面，也有消极的一面；两者既算不上"黄金搭档"，也不能说是"冤家对头"，但税收（税法）处于强势，会计处于弱势，应是不争的事实。由于税法的普遍适用性，其对会计的影响也是普遍的，归纳起来主要有以下几个方面

### 1. 推动会计方法采用，促进会计理论研究

事实证明，税法可以促进会计观念的发展（进步），被税法承认是保证会计方法能够广泛采用的一种手段；而会计方法的取舍又推动了会计理论研究。在这方面，主要有以下内容。

（1）收益实现原则的确立。在早期的工商企业中，企业主关注的是资产（财产）的保值和增值。期末，采用实地盘存的方法确认计量资产的存量，以资产期末存量减去其期初存量计算"收益"，没有收入、费用、利润等概念和确认计量原则、标准。

19世纪末20世纪初，主要资本主义国家工业革命陆续完成，生产技术得到很大改进，企业原有的生产经营规模已不能满足不断扩大的市场需求，股份公司出现，企业合并浪潮也随之兴起，企业经营向规模化方向发展，企业规模的扩大促成了企业产权向社会化和分散化方向发展，少数产权所有者已无力干预企业的生产经营活动，其投资的目的主要是获取投资收益。因此，投资者当然会非常关注企业的财务成果——利润。同期的税法不再以财产税为主，而改以企业所得税为主。根据测算应税所得额的具体处理方法和法庭的判决，产生了收益实现必须发生在收益获得之前的思想，而且

既然以销售时间作为衡量实现的标准是最客观的，那么，这个时点也应该是收入确认的时间，从而澄清了计税收益的实质和所应包括的范围等。这就导致新的收益计算方法（收入减费用）的产生，其结果是使会计的重心由资产负债表转向利润表。自 20 世纪 30 年代起，形成“收益重心论”，利润表成为企业对外公布的法定财务报表，并成为第一财务报表。

（2）存货计价方法。税收是影响存货计价方法选择的主要因素。是为了降低企业当前和后期应交所得税现值而采用后进先出法，还是为了避免短期内报告收益的减少而放弃后进先出法？由于会计职业界起初不允许按物价水平调整会计记录，使得通货膨胀时期纳税超前，忽视了纳税者的实际支付能力。税法后来规定，在编制财务报表时可以采用后进先出法计算税款。由于这种方法在税金计算上能产生巨大的动力，以至于可以不顾理论的合理性，仅为实现会计目的而广泛使用这种方法。它既为自己制造了理论依据，也修正了现有的会计概念。由于对后进先出法存在争论，有关赞成或反对后进先出法的文章就不断涌现，即会计研究的供给就会对需求做出反应。美国会计学家罗斯·L. 瓦茨、杰罗尔德·L. 齐默尔曼教授（2006）对此写道：某个企业在纳税时，若使用后进先出法，其财务报告也必须使用后进先出法，这种联系是利益集团之间竞争的结果。在 1930 年之前，有色金属和石油产品行业在纳税时，使用基本存量法对存货进行计价。但是，1930 年最高法院禁止使用这种方法（指基础存量法——引者注）。1934 年，美国石油协会提出以后进先出法作为一种替代方法，这一提议在 1936 年得到美国注册会计师协会的认可。可是财政部却进行游说反对后进先出法。结果，国会批准使用后进先出法，但作为对财政部的一个妥协，国会规定后进先出法只有在纳税人在财务报表中也加以使用的情况下才获准采用（穆尼兹，1934）。

由于存货的计价方法影响所得税，公司管理人员在选用计价方法时必然会考虑该方法对税赋的影响（摩斯等，1983）。毋庸置疑，后进先出法在财务报表中的广泛使用，正是出于对税赋的考虑。因为风险很可能随着对存货计价方法的变化而改变，所以存货计价方法的选择实质上是风险与报酬的抉择决策。这种现象可以解释为什么有些公司在通货膨胀率上涨时期不转向后进先出法。后进先出法往往会增加企业现金流动的易变性（及协变性）。

另外一些会计报告方法与所得税征收法规之间却没有什么联系。但是，若某些相同的会计程序被用来编制会计报表，人们就会对征税时使用的会计方法进行游说。结果，潜在的税收效应影响着人们对会计程序的选择。例如，如果税收与调整通货膨胀后的折旧和销售成本相挂钩，那么，人们对财务会计准则委员会第 33 号公告《通货膨胀会计》的兴趣可能主要来自公司将获得的潜在税收减免。使税收制度适应通货膨胀的一种合理做法是在财务报告中也采取类似的调整。

一些州对企业课征的特许经营税是以资产账面价值为基础的，这促使企业管理人员采用可减少资产账面价值的会计程序。最后，为了减少双重簿记成本，管理人员乐于在税收记录和财务报表中使用同样的会计程序。

（3）固定资产折旧。在铁路会计理论领域，对固定资产折旧早有研究，但在1878年以前，不允许企业在计税时从中扣减。1878年，英国对税法进行修改，允许合理地扣减厂房和设备由于磨损而减少的价值。由此可见，税法不但影响折旧的时间，还影响折旧方法和盈利概念，在股利只能从利润中分派的法定前提下，折旧被视为一种计价程序。如果按照历史成本折旧，税法的执行成本就会降低。要求将税法中的计价程序和其他应计项目合理化，最终导致建立了配比和实现制基础上的盈利概念的产生。美国会计学家罗斯·L. 瓦茨、杰罗尔德·L. 齐默尔曼教授（2006）对此认为：所得税法对财务报告实务的影响是众所周知的。这种影响明显地表现在把折旧作为净盈利的费用，而不是作为利润分配的会计实务上。

税法对会计理论似乎也有影响，特别是有关折旧方面的理论。直到19世纪80年代，对折旧问题的关注主要出现在铁路会计理论领域。在那个年代，英国的大多数杂志和教科书一般都要论述企业折旧问题。当时的美国却没有对这一问题表示关注。这就提出了这样的疑问，为什么不只是受管制的企业，而是所有的企业都对折旧问题有一定程度的关注？为什么这种情况出现在英国而不是美国？

在英国，所有企业（而不只是铁路）关注折旧问题的现象之所以出现在19世纪80年代，而不是在此之前的原因在于：在1878年之前，英国的税法并不允许计提折旧费用。“1878年，英国对税法进行修改，允许合理地扣减厂房和设备由于磨损而减少的价值额。”（萨利尔斯，1939）这时，对年度折旧的争论就增加了一个理由——税收。

以所得税解释19世纪后期的折旧争论，也说明了为何美国当时不存在这种争论。美国第一部有效的所得税法是1909年货物税法（在被宣布为违反宪法之前，它曾在一段时期内付诸实施）。因此，19世纪80年代，美国缺乏为联邦税收而对折旧争论不休的动机。当时美国仍然存在监督契约执行的代理人问题，而该问题不涉及计提年度折旧的问题。

所得税法不但影响折旧争论的时间，而且还影响各种折旧和会计盈利概念。在股利只能从利润中分派的法定情况下，折旧被视为一种计价程序。所提取的折旧额是否足够将依争执的事项而定。如果定期计价被按历史成本摊提的方法取代，税法的执行费用就会减少。这种节约已被早期的理论所确认，并且可能是美国和英国计算所得税时，要求折旧的提取以历史成本为依据的原因。要求把税法中的计价程序和其他应计项目合理化，最终导致了建立在配比和实现制基础上的盈利概念的产生。

（4）固定资产加速折旧方法。尽管会计理论界对加速折旧的研究由来已久，但是直到1954年，折旧方法仍然普遍采用直线法。1954年以后，因采用加速折旧方法而形成的税收节余（利益）成为产业资金的主要来源，并为发展中的企业创立了几乎完全是资助性的政府无息贷款，同时出于鼓励资本投资、刺激经济发展等考虑，税法认可加速折旧方法。会计理论中据此修改原有的、只根据有形损耗进行折旧的理念，寻找到折旧费用均衡、合理而系统的期间分摊方法。早期的会计仅限于记账方法和会计事项处理程序的研究，以所得税为代表的各国税制的不断健全促进了会计理论（如会计规范研究等）的研究。

企业选择的折旧方法不同，尽管不会影响其现金流量，但其报告的税前收益额不同。美国国会几乎每年都要对税法做某些修改。自 1986 年起，税务机关要求纳税人必须按照加速成本补偿折旧法（modified accelerated cost recovery system）计算加速折旧，在该方法下，为应税折旧资产的寿命通常比其实际经济寿命要短得多。

加速折旧法的关键因素是使用短期有效使用年限。因为有效使用年限越短，折旧费用的实现就越早；而越早记录折旧费用，公司就可以越早减少应交所得税。加速折旧法与直线折旧法比较，能在资产使用期早期产生更多的折旧费用。因此，实行加速折旧法实际上是降低税负的一种方式，美国国会希望借助在较短使用年限内加速折旧来引导公司更多地投资于长期资产。

虽然企业在计算应税所得时使用加速折旧法，但在提供给股东的财务报告中仍坚持使用直线折旧法。税务机关可能会使用特别税率、很短的折旧期限或立即冲销等办法来加大公司投资长期资产的力度，以增加税收好处，但提供给股东的财务报告目的却是通过折旧将资产成本合理地与该资产产生收入的所有会计期相配比。

财务会计一般采用直线折旧法，是因为它既简单又方便。与加速折旧法相比，直线折旧法还能在早期报告更多的收益。管理者不希望因会计方法的选用而降低在长期资产使用早期的报告收益。同时，你又可以发现，许多公司都选择后进先出存货计价方法，这样，它们便能降低企业在价格上涨期间的利润金额。企业这样做是因为它们被要求：如果在纳税申报表上使用后进先出法，就必须同时也在提供给股东的财务报告中使用该方法。当会计准则不再允许企业采用后进先出法后，在企业税务会计中，自然也就不能再采用后进先出法了。但对固定资产折旧方法，税法并没有像存货计价方法这类一致性处理要求，因此，企业可以在提供给股东的财务报告中使用直线折旧法，而在填写纳税申报表时采用加速折旧法。

大多数国家在其税收制度中具体规定了固定资产折旧所采用的方法和折旧率，而且有的国家还要求其财务报表中的折旧额与按税法确定的折旧额保持一致（英美国家的会计准则无此要求）。出于纳税目的对固定资产计提折旧所采用的折旧方法和折旧率的具体规定（诺比斯等，2010）如下。

在英国，2007—2008 年，机器按余额递减法计提折旧，折旧率为 25%（小公司则为 40%），使用年限超过 25 年的资产采用 6% 的折旧率。这种“资本减免”（capital allowance）计划和公司计算会计利润时所提取的折旧费用是完全分离的。与其他国家不同，英国对大部分的商业建筑均不给予折旧税收优惠政策。

在美国，不同的资产有不同的折旧范围。通常为了纳税目的，固定资产采用“修正的成本加速回收制度”（modified accelerated cost recovery system）进行摊销。最常用的形式包括 3 年制、5 年制和 7 年制。固定资产均按余额递减法计提折旧，折旧率为直线法的两倍。从 1993 年税法改革开始，商业建筑物按其使用年限 39 年采用直线法计提折旧。

在法国，税法允许几乎所有资产采用直线折旧法计提折旧，典型的折旧率为：工业用和商业用建筑物的折旧率为 2% ~ 5%，办公楼和住宅楼的折旧率为 4%，厂房和店面装置的折旧率为 10% ~ 20%，交通工具的折旧率为 20% ~ 25%。厂房可以按余额递减法计提折旧，使用的折旧率为按资产寿命分摊的直线法折旧率的倍数。在法国，公司使用的折旧方法也允许改变。加速折旧法被允许用于某些地区的资产以及用于研发费用、反污染和节能的资产。

在德国和日本，折旧率由税法规定。除对建筑物强制使用直线法计提折旧外，其他资产可以使用直线法和余额递减法计提折旧。在德国，直线折旧法采用的典型折旧率为：2003 年以后建造的建筑物，折旧率为 2%，厂房的折旧率为 6% ~ 10%，交通工具的折旧率为 11% ~ 16%。折旧方法允许改变，但只允许从余额递减法改为直线法。加速折旧法只允许对柏林地区、德国东部边界和现在的德国东部地区的资产以及反污染的资产使用。在日本，对某些资产还允许计提额外折旧。

各国税法对固定资产折旧方法和折旧率的规定，很难用“积极与消极”概括，而且也更多体现在对会计实务的影响上，但它也为企业税务筹划提供了空间。

**2. 提高管理水平，降低税务风险**

对纳税人来说，无论其会计核算和管理水平高低，只要发生应税行为，都要缴税，但计算缴纳税款的方法不同。如果企业会计核算和管理水平较高，符合税法要求，可以采用查账征收方式；如果企业会计核算和管理水平较低，不符合税法要求，就要采用核定征收方式。在查账征收方式下，以企业会计记录为基础计税，一般情况下，税负较低、风险较小；而在核定征收方式下，不以或不完全以企业会计记录为基础计税，一般情况下，税负较重、风险较大。纳税人为了降低税收负担和税收风险，就要建立健全其会计凭证、会计账簿的领用、开具、保管、设置和记录等环节的制度和要求，保证企业涉税会计实务处理的连贯性。对企业来说，无论是主动，还是被迫，税法有助于提高企业的会计核算和财务管理水平应该是不争的事实。

各国政府，尤其是发达国家都将简化税制作为其施政目标，但现实却是税制越来越复杂。企业纳税申报和税务筹划均需要通过会计，税法与会计实务并行发展，凸显会计的必要性和重要性；税法坚持历史成本原则，不考虑货币时间价值的变动，并且重视会计主体的分离，对会计的一贯性和公开性的强调等，在很大程度上也是受税收政策的影响。

《中国会计报》2011 年 1 月 7 日有一则报道:《英国海关与税务总署紧盯中小企业账簿》，可以为本论点提供佐证：

目前，英国约有 5 万家中小企业有可能因缴税记账问题而被税务机关处罚。按照英国海关与税务总署（HMRC）的要求，英国税务人员要在 2010 年 2 月 28 日前，对英国 2000 万家中小企业的账簿进行调查。

HMRC 调查结果发现，5 万家中小企业的缴税记账存在问题，许多企业存在未缴纳税金的漏洞也都由此产生。毫无疑问，上述中小企业都会因此被 HMRC 处以罚款。

HMRC 就是想借此提高广大中小企会计账簿的质量，为英国经济复苏保驾护航。《2008 年英国金融法案》就赋予了 HMRC 对中小企业账簿进行核查的权力。目前，HMRC 已对其中很多企业展开了调查。预计调查工作将在 2012 年上半年全面展开。

HMRC 还在调查中重申了处罚以及整改原则。只要中小企业能在规定期限内对会计账簿进行整改，这些企业将不会被处以罚款。HMRC 指出，企业改善财务管理对自身生存、发展都有好处；同时，也会降低税务机关介入的机会。因此，明智的企业应该加强自身的日常财务管理工作。

对英国中小企业来说，海关与税务总署的要求可能是痛苦的、不愿接受的。如果不按其要求设账、记账、计税，就要被罚款；但从长远看，中小企业为此付出一点“代价”又是非常值得的。可以认为，海关与税务总署的要求“用心良苦”，它可以促进中小企业不断提高其会计与财务管理水平，降低税务风险，增强竞争实力。

**3. 拓展会计执业范围，提高会计职业地位**

税收不仅大大丰富了企业会计的内容，同时也使企业会计越来越复杂，从而促使会计人员由单一型专业人才变为复合型专业人才，进而促进高等会计教育的发展。越来越复杂的税制，越来越“相关”的税收，也推动了专门从事税务代理、税务咨询的会计中介服务业蓬勃发展。可以说，税收导致会计更加复杂、更有难度，但也使会计更加多姿多彩；税收使会计职业的门槛提高，但同时也提高了会计人员的地位；税收是会计理论与实务的新的增长点。

个人所得税纳税人数的迅猛增长，第一次促使社会对税务会计师的需求量大幅度增加。公司管理层越来越关心其税收负担，这又刺激了社会对税务会计服务的需要。可见，对税务会计（包括税务筹划）实务的会计供给是一种“需求—回应”的演化路径。

对此，加里・约翰・普雷维茨、巴巴拉・达比斯・莫里诺（2006）在其所著《美国会计史：会计的文化意义》一书中有更为详尽的阐述：

所得税法对会计职业产生的影响好坏都有。对会计服务的需求增加为许多执业者提供了保证，但是这一需求也吸引了许多并不能够胜任但自称为会计师或税务专家的人。对于一些已获得资格证的执业者来说，税务工作可能会破坏职业独立的形象，因此似乎会损害他们的专业地位。最初，美国公共会计师协会的一些领导试图使他们的同事们相信会计师应当在税务工作中保持公平，如同保护其委托人的利益一样保护政府的利益。这一思想并没有广泛的吸引力，大多数会计师将他们自己视为其委托人税务问题的辩护者。

税法不仅扩展了会计服务的市场，也使得诸如折旧这样的长期被商人所抵制的技术更容易被接受。美国公共会计师协会强烈游说将权责发生制作为确定计税所得的基础，权责发生制对于供职于小型企业的职员来说最为有利，为了避免保有两套账簿所花费的成本，小型企业让审计人员为它们合理地确定信誉报告中的收益。总的来说，税务改革必须被看成对处于发展初期的会计职业施加了有益的影响。虽然进步主义者对于政府会计改革和税收改革的要求为会计师们提供了工作并增加了他们的知名度，但是对公司改革的要求将授予他们必要的社会责任，这是将他们的专业地位合法化的核心。

1913 年所得税法的通过极大地改变了会计职业的形象。早期的执业者将独立性看作会计职业地位的基石。在对公司所得税合宪性问题的长期争论中，美国公共会计师协会主席爱德华 · L. 萨芬（1912）提醒同事，独立会计师有责任保证包括政府在内的所有团体公平地分享公司的利润。1913 年所得税法以及之后战时超额利润税法的通过，大大增加了对会计师税收服务的需求，萨芬的观点被削弱了。成为公认的税务业务标准的是辩护而不是独立。

战时超额利润税给会计师带来了大量的工作。美国会计学会的前身美国大学会计教授协会（AAULA）在 1919 年的年会中大量讨论了这一议题。会计师主要关心的是 1918 年法规中投入资本的定义。该法规规定“公司账簿被假定是陈述了事实”；当头一年过度折旧的转回等得到准许时，公司的举证责任是要说明这些费用确实是超额的（Paton，1920）。1918 年超额利润税不仅对税收业务有直接影响，对财务报告也有重大影响。

会计执业者从税法中受益，但他们并不肯定税收。大部分会计师认同安德鲁 · 梅隆（Andrew Mellon）的哲学，梅隆是 1921—1930 年财政部的秘书长，他将税收看作政府对私人财产的剥夺。他的一位对手将其形容为唯一一位“有三届总统在他任上服务”的秘书长。梅隆预先暗示了供给方经济学及“滴入式”的税收政策。他认为因为富人比穷人更善于利用经济资源，所以应当尽量减少对富人的征税。富人控制得越多，国家就会越富裕。当增加的国家财富向下传递时，穷人也会从剩余部分中得益。尽管一些改革者质疑梅隆的增效方法，即假定富人的财富最终会渗透到穷人，但是，没有税负的消息对公众具有巨大吸引力。

1924 年的税法设立了税务申诉委员会，给予律师和注册会计师代表客户的权利。因为注册会计师和律师可以根据这一权利在税务事宜上索求相应的职业地位，所以这一认可巩固了两个职业在税务工作上作为辩护人的作用。甚至在 1929 年后，当经济形势和社会看法不再支持梅隆的“滴入式”理论时，会计师并没有重新讨论作为税务工作辩护人这个问题，学者们也没有质疑会计师继续作为辩护人的适当性。税务筹划和编制纳税申报表成为会计师的首要职能，这比早期执业者的职能要窄得多。

战时超额利润税不仅给税务会计师带来了利益，也增加了成本会计及其制度建设的需要，注册会计师业务范围的快速增加吸引了很多人学习会计学（Mckinsey，1924）。当需求增加且职业越来越专业化时，开设会计学的学校数量增加了，会计课程也变得更加专业化和技术化。

20 世纪 60 年代末期，美国取消简易纳税申报表，促使税务代理这一全新职业悄然兴起，但从事税务工作的会计师面临两大难题：一是担心无限膨胀的税务代理人员道德标准并努力促使美国国内税务局颁布了规则，规定非注册会计师只能以“登记代理”名义执业；二是同律师行业在税务代理问题上进行博弈，因为 1956 年律师行业指责注册会计师税务服务是对法律业务的侵占。由此可见，税务会计牵涉众多利益集团，实际应用与理论创建都表明会计职业及代表会计职业利益的 FASB（财务会计准则委员会）在税务会计“租金”与“剩余价值”的分享问题上一直存在实用主义的“隐忧”。

正是越来越复杂的税收制度催生了会计师、税务师、律师等中介服务的市场供给和由此产生的服务质量、法律责任、道德标准等问题。为了保持会计师对税务咨询业务的优势地位，美国注册会计师协会在 1964 年至 1977 年之间，先后发布了第 1～10 号《税务责任公告》及其有关解释；1999 年 10 月 19 日，美国注册会计师协会理事会批准指定税收执行委员会作为标准的制定机构，授权该委员会颁布税收实务标准，该税收执行委员会最终在《税务责任公告》的基础上形成《税务咨询标准公告》，1999 年年底通过的第 1 号公告于次年 10 月 31 日生效，至今已经发布了 8 号公告。《税务咨询标准公告》既是会计师从事税务咨询的职业标准，也是会计师的道德标准。“税务会计师不仅要对委托人负责，也要对税收制度负责。”“税务会计师不仅应该受法律条文约束，而且应该受法律精神的约束。”（杜斯卡，2005）

### （三）税收对会计的消极影响

在承认税法对会计积极影响的同时，我们也不得不正视，企业要想长期保持其会计与税收的一致，最终只能形成以税法为导向的会计，即会计要依附于、受制于税法，而不可能相反（因为各国都遵循税法至上的原则）。法国、德国是这种模式，我国在一个较长的历史时期内也曾经是这种模式，这种模式的企业会计很难称得上是真正的财务会计，它只是主要为包括税务机关在内的政府部门服务的企业会计。对国家是非投资主体的广大企业来说，这样的会计信息对现实和潜在的投资者、对债权人的决策有用性是很小的。

税收与政府管制一样，会影响会计政策的选择，会计政策的选择动机来源于会计主体减轻税负的目的，会计行为现象可从会计主体的动机中得到解释。国家出于财政目的或者宏观经济发展的需要，一般会通过税收政策来体现。税法往往无视会计理论的要求，在税务处理中限制或者增加会计方法的选择机会。如早期的税法使会计年度的使用延迟了三十多年，税法中有关利润、损失以及不允许按物价水平调整会计数据的规定，阻碍会计摆脱历史成本计价的束缚；而在固定资产折旧方法、无形资产摊销方法、存货计价方法等方面又增加选择机会，与会计规范的发展趋势背道而驰；各种税收政策差异（如增值税两类纳税人的划分、所得税的不同计征办法等）、税收优惠政策（如税收抵免、研发费用和购置环保、节能、节税设备的抵税等）又会背离一般会计原则。

站在会计的角度，希望会计收益概念与税法收益概念尽可能一致，而达到一致的主要方法就是跨期分配所得税费用，以消除会计利润与应税利润差异的影响，但会计的收益理论没能影响税收，也没能成为税收理论的基础。

税法出于其征税的必要和征管的方便，其规定往往不符合会计的基本假定，如纳税年度与会计年度不统一、与持续经营有矛盾，关注税基、重视会计主体的分离等；而且不少国家的税收规定都凌驾于合理的财务报告要求之上。

在税收与会计的关系中，两者通过互相借鉴促进了各自的发展，但也不能不正视，由于税收是国家政治权力的体现，税收往往采用实用主义的原则。在两者的关系中，税收总是处于强势，而会计则是处于弱势。（财务）会计要想保持自己独立的概念框架（结构），必须有自己的万全之策。

## 三、税收与会计：相互协调，适度分离

如果按照税收与会计之间的联系程度对国家进行分类，可以分为立法会计国家和非立法会计国家两大模式；如果再从基于融资体系所进行的国家分类，可以分为权益/外部所有者的国家和负债/内部所有者的国家。非立法会计适用于权益/外部所有者的国家，而立法会计则适用于负债/内部所有者的国家。在负债/内部所有者的国家，对经审计的、公开的财务会计报告没有巨大的市场需求。所以，年度会计报表的需求与政府对应税收入计算的需求紧密联系。结果，税收方面的考虑会对会计法规起决定性作用。相比之下，在权益/外部所有者的国家，会计执行着市场的功能，因此，其规范必须从税收法规中分离出来，形成两套会计规范：一套针对财务会计报告；另一套服务于应税收入的计算。下面以表 1-1 说明立法会计与非立法会计的差异。

表 1–1　立法会计与非立法会计的差异

| 比较项目 | 立法会计 | 非立法会计 |
| --- | --- | --- |
| 权益市场 | 较弱 | 较强 |
| 审计职业界 | 规模较小 | 规模庞大 |
| 会计与税法 | 税收法规影响会计 | 会计与税收法规分离 |
| 会计实务 | 广泛立法规范 | 会计准则规范 |
| 主要导向 | 税法 | 投资人 |
| 实施国家 | 法国、德国、意大利等 | 英国、美国、澳大利亚等 |

人类进入 20 世纪以后，随着各国经济的发展、国际投资与国际经济贸易不断扩大，税收的国际协调也在不断加强，国际会计（财务报告）准则、各国会计准则、会计法规的陆续颁布和修订，税法与会计各自的目标越来越明确、越来越具体，两者的偏离呈扩大之势。

1999 年第九届全国人民代表大会第十二次会议通过的《中华人民共和国会计法》（以下简称《会计法》）（修订）第二十五条规定："公司、企业必须根据实际发生的经济业务事项，按照国家统一的会计制度的规定确认、计量和记录资产、负债、所有者权益、收入、费用、成本和利润。"此项规定的深远意义在于，从 2000 年 7 月 1 日新修订《会计法》实施之日起，我国会计（财务会计）不再依附、依存于税法和国家统一的财务制度，它要按照"国家统一的会计制度"进行确认、计量、记录和报告，它要向以投资人为主的报表使用者提供可靠、相关的会计信息。根据新修订的《会计法》和国务院颁布的《企业财务会计报告条例》，财政部于 2001 年颁布了《企业会计制度》，新会计制度突现与我国现行税法的差异，如计提资产减值准备、开办费用在开始经营的当月一次计入当期损益、待处理财产损失期末不保留余额等。其实，早在 1994 年工商税制改革时，在税法中就明确：当企业的"财务、会计处理办法同国家有关税收的规定有抵触的，应当依照国家有关税收的规定计算纳税"。尤其是 2000 年国家税务总局发布的《企业所得税税前扣除办法》，首次明确了所得税税前扣除五项原则，在此原则下，规定了扣除项目、扣除标准的确认与计量，它与财务会计一般原则以及会计制度的规定有诸多差异。

2006 年财政部颁布新的《企业会计准则》后，在 2007 年第十届全国人民代表大会第五次会议通过的《中华人民共和国企业所得税法》（以下简称《企业所得税法》）及国务院同年颁布的《中华人民共和国企业所得税法实施条例》中，在接受会计准则中某些具体规范（如取消存货计价的后进先出法，也可以用公允价值计量属性、改用计税基础概念等）的同时，更明确了与会计准则的差异，而且是差异的"净增加"（高金平，2008）。由此可见，无论是税收还是会计，都在总结各自改革经验的基础上，充分借鉴各自的国际惯例，向着自我完善的方向发展，这就不可避免地形成税收与会计的分离（差异）。

在市场经济环境下，要求会计与税收的完全一致是不可能的，问题是两者的分离应该适当、适度，制度的规范都应该遵循成本效益原则，尽可能降低征纳税双方的制度遵从成本。2003 年 4 月 24 日，国家税务总局颁布了《关于执行〈企业会计制度〉需要明确的有关所得税问题的通知》（国税发〔2003〕45 号），该通知明确了在执行《企业会计制度》中涉及所得税的会计处理问题，能统一的尽可能统一，如对租赁的分类标准、坏账准备的计提范围，明确企业所得税统一于《企业会计制度》，但对借款费用、捐赠、提取的准备金等类会计事项，明确了税法的执行意见。2003 年 10 月 20 日，财政部、国家税务总局联合签发了《关于执行〈企业会计制度〉和相关会计准则问题解答（三）》（财会〔2003〕29 号），专门就执行《企业会计制度》及相关会计准则与所得税法规所涉及的企业所得税纳税调整问题进行了解答，以协调两者的关系。

为了便于企业执行 2006 年财政部发布的《企业会计准则》，协调会计与税收之间的政策差异，财政部、国家税务总局颁布了《关于执行〈企业会计准则〉有关企业所得税政策问题的通知》（财税〔2007〕80 号），该通知明确了以下四个问题。

（1）企业对持有至到期投资、贷款等按照新会计准则规定采用实际利率法确认的利息收入，可计入当期应纳税所得额。对于采用实际利率法确认的与金融负债相关的利息费用，应按照现行税收有关规定的条件，未超过同期银行贷款利率的部分，可在计算当期应纳税所得额时扣除，超过的部分不得扣除。

（2）企业按照国务院财政、税务主管部门有关文件规定，实际收到具有专门用途的先征后返所得税税款，按照会计准则规定应计入取得当期的利润总额，暂不计入取得当期的应纳税所得额。

（3）企业以公允价值计量的金融资产、金融负债以及投资性房地产等，持有期间公允价值的变动不计入应纳税所得额，在实际处置或结算时，处置取得的价款扣除其历史成本后的差额，应计入处置或结算期间的应纳税所得额。

（4）企业发生的借款费用，符合会计准则规定的资本化条件的，应当资本化，计入相关资产成本，按税法规定计算的折旧等成本费用可在税前扣除。

这说明我国的财政、税收主管部门一直在进行税收与会计的协调，但协调不等于统一，协调的目标不是也不可能是消灭差异，协调应该是控制差异，使双方都符合效益大于成本原则。笔者认为，税收与会计主管部门应该建立规范的、程序化的沟通、协调机制，在制定法规制度时，应该充分考虑：① 当涉及对方范围时，如何尽可能不增加或不过多增加执行者的遵从成本；② 当涉及对方范围且规定不一致（有差异）时，对方应该尽快地对此明确其执行意见，以不增加执行者的困惑；③ 如果属于不触及另一方的原则性问题，后者应尽可能地采纳前者的规定，以避免不必要的分离，而增加执行者的遵从成本；④ 企业（执行者）在国家税收与会计法规制度允许或不禁止的范围内，可以出于自身税收利益与编报财务报告的不同目的，进行职业判断和会计政策选择。

税收与会计的关系是一种法律关系，法律关系就是发生法律效应的关系。法律关系最主要的内容应是当事人之间产生的权利与义务的关系，这种关系是依据法律的存在而产生的，即以法律规定作为前提，没有法律规定就没有法律关系。税法、会计法等法律规定了税收与会计的法律关系，是征纳双方权利与义务的法律依据，但国家对有关法规有解释权和修改权。税收与会计的关系又是受法律保护的，即双方都要遵守并执行有关法律。

税收与会计的关系具有综合性和互动性。税收与会计应该持续不断地进行协调，以使"差异"保持在适度的范围内。在市场经济环境下，（财务）会计与税收的目标不可能统一，"差异"不可能消失，所谓"会计制度与税收法规的同一化模式"（周华等，2006）难以成为现实。不可能是"会计制度积极向税收法规靠拢"，也不可能"用税收法规来指导会计理念"，因此，也不是"我国税务会计制度安排的合理选择"（周华等，2006），除非我们再回到计划经济时代。

人类进入21世纪后，随着全球经济一体化趋势的加快，无论是税收还是会计，都应该向着国际协调与国际趋同的方向发展，在如何处理税收与会计的关系上，也应该走国际协调与国际趋同之路。会计制度与税收法规的协调应该是相向而行、互相借鉴；不能，事实上也不应该是一方原地不动，而让另一方去靠拢它，呈现所谓"主仆"差异；而且因两者的目标不同，也不可能走到同一个点上。

## 第四节　会计领域中的税务研究

会计领域中的税务研究，可以从会计与税务两个方面解读。这里的"会计"，我认为应是广义的会计，即包括财务会计、税务会计和管理会计等各种会计，因为每种会计都有涉税问题处理；此外，还可以包括财务、审计，财务、审计也不能回避税收因素和涉税事项的处理问题。

"尽管税务研究在经济和财务领域的研究历史很长，而且许多会计界人士也擅长进行纳税筹划和提供合规服务，但是，会计学界却迟迟没有把它作为一个重要的研究领域。"（科塔里，2009）S.P. 科塔里等美国教授的论断，既是对美国研究状况的概括，也比较符合我国的研究现状。

早在20世纪70年代，美国著名会计史学家迈克尔・查特菲尔德（1989）就指出："会计应当超脱历史局限的束缚，针对诸如税金分配一类的问题，朝着减少税务对会计理论的影响的方向努力。"现在读来，仍感觉非常深刻、中肯。

我认为，不能仅仅理解为只有税务会计才是“会计领域中的税务研究”或是“税务领域中的会计研究”。无论是“会计领域中的税务研究”，还是“税务领域中的会计研究”，既有现实意义，又有理论意义，具有巨大的拓展空间和光明的发展前景。

## 一、我国会计领域中的税务研究

改革开放以来，随着我国会计改革和税制改革的不断推进、日益深化，相关研究也日渐繁荣、逐步深入，研究成果数量不断增大、质量不断提高。

改革开放以来，对我国会计领域中的税务研究，研究人数和研究成果越来越多，研究范围越来越大，研究方法呈现多样化。近年来，在我国会计专业的博士、硕士学位论文选题中，有关会计领域中的税务研究越来越多，学术期刊发表的有关论文也明显增长，仅以 2011 年中国会计学会的学术年会为例，提交的相关论文就有厦门大学赵景文、许育瑜的《两税合并、盈余管理与分析师预期》，中国人民大学叶康涛、刘行的《会计准则变迁与盈余管理的税收成本》，西南财经大学陈旭东、王雪等的《税收规避提高了公司价值吗？——基于中国上市公司的实证研究》，重庆大学谭利、麦文琴的《民营企业税盾价值对负债融资的影响研究》，重庆大学李嘉明、陈琴的《公司治理与公司所得税逃避关系的实证研究》，等等。有关成果越来越多，质量越来越高，限于本人了解的局限性，恕难一一列举。发展势头可喜可贺，令人增加无限期许。

如果有越来越多的从事管理会计、财务管理和审计的理论和实务工作者，在其业务专业的基础上，能够更多地关注所涉税务问题，可能就会展现出一片新天地。从事财务会计的理论和实务工作者，如果能够在其所长的基础上，再去认识、理解税务会计，以便娴熟地处理财务会计与税务会计的关系，可能就会相得益彰。

## 二、美国会计领域中的税务研究

美国会计领域中的税务研究时间更早、成果更多。在某些方面具有引领作用，如诺贝尔经济学奖获得者迈伦·斯科尔斯、马克·沃尔夫森等著的《税收与企业战略筹划方法》(2004)，他们采用合作研究的方式，以微观经济学为基础进行经验研究，用独特的视角为我们展示了企业税务筹划战略的新观念、新境界和新高度；还有迈克尔·R. 戴蒙德等著的《美国公司运作模式与税务筹划》(2003)、萨莉·M. 琼斯等著的《税收筹划原理》(2008)；另外，还有本书引述的罗斯·L. 瓦茨、杰罗尔德·L. 齐默尔曼著，陈少华等译的《实证会计理论》(2006)，等等。在这些文献中，作者从不同角度进行了研究，有不俗的贡献。可能是囿于美国的税制结构，他们在会计领域中的税务研究，一般都是针对所得税进行的研究，而且一般是从财务会计的角度进行的研究，少见对税务会计进行系统的理论研究，往往是在会计学或财务会计中顺便提及。

为了避免笔者挂一漏万、理解偏颇的缺憾，关于美国会计领域中的税务研究，特摘录 S.P. 科塔里等主编、辛宇等译的《当代会计研究（综述与评论）》（2009）一书中，Douglas A.Shackelford，Tery Shevlin 的《会计领域中的经验税务研究》和 Edward L.Maydew 的《会计领域中的经验税务研究：一个讨论》文中的几段：

如何将会计领域中的税务研究与其他领域中的税务研究以及其他会计研究区别开来。税务本身具有跨学科的特点，这意味着税务会计学者通常要采用合作研究的方式开展以微观经济学为基础的经验研究，合作对象可能是非会计领域的税务学者，也可能是非税务领域的会计学者，特别是财务会计学者。这类文章很可能发表在经济类期刊和顶尖财务期刊上。因此，即使我们做出最大的努力，也不太可能精确地对会计领域中的税务研究进行定义。

会计学者所做的税务研究几乎都集中在所得税领域。这种集中性既体现了所得计量在会计领域中的核心地位，又体现了一直以来税务会计师对所得税咨询的偏重。但是，随着会计学者在越来越广泛的税务学术领域取得成绩，这个界限变得越来越模糊，在税务分析领域，会计问题通常没有受到重视。税务会计学者通过将主流会计研究问题（如收益的作用）带入税务分析领域，使得税务问题开始转向长期的会计问题。总之，近年来税务会计学者取得的研究成果既影响了会计研究，使之具有税务视角，又影响了税务研究，使之具有会计视角。

推动会计领域中以微观经济学为基础的税务研究发展的因素，除一般的学术研究需求以外，还包括课堂教学的需要。教学与研究相结合的一个印证就是这个领域的开创性研究成果（SW）实际上是一本 MBA 教材。在 SW 的序言中，Scholes 和 Wolfson 将这一研究范式的产生原因归结于他们对现有税务教学资料的失望。随后，在安永基金会的帮助下，20 世纪 80 年代晚期到 90 年代早期，他们将这门课讲解给数以百计的会计（尤其是税务方面的）教师。在很多商学院，不同类型的税务课程是最受欢迎的 MBA 选修课之一。

财务报告成本是指由于报告了较低的利润或股东权益而带来的各种真实或可预见的成本。这些成本在有关盈余管理的研究中有很多讨论。由于税收最小化战略往往会降低会计利润，因此，这个问题在有效税务筹划中非常重要。很多重要的财务契约都是以会计数据为基础的，使得管理层不愿降低报告利润。这些契约包括与债权人、借款人、客户、供应商、管理人员和其他利益相关者签订的各种契约。因此，在一些会计、融资、市场营销、生产及其他经营决策中，企业必须权衡降低应纳税所得的税务动机与提高会计利润的财务报告动机……财务会计因素可能是在税务研究中被忽略的重要相关变量，而税务因素则可能是在会计研究中被忽略的重要相关变量。

未来可能有以下五个发展方向。

第一，未来更好的研究不应该是仅仅证明“税收是重要的”，而应该是更加准确地估计税收的重要性程度和税收最小化的障碍。

第二，需要更多的理论，将研究推向 SW 和其他影响已久的财务文献以外。虽然在转移定价方面已经有了一些理论研究（Halperin et al，1987，1996；Harris et al，1998；Sansing，1999，2000；等），但是现有会计领域的税务研究理论一般没有解决税务会计研究者主要感兴趣的问题，如合法性问题。如果缺乏更好的理论框架，本文所回顾的文献只能停留在对事实的记录上。如果能够进行理论创新或者从相关领域引入理论研究成果，并通过研究假说对这些相互竞争的理论进行检验，就能够推动本领域走向成熟。

第三，本文提出的方法论问题说明我们还需要更加严格的计量经济学方法。现在，本领域已经从其他领域（特别是财务会计领域）引入了研究方法。研究者还需要思考财务会计中尚不需要的计量经济学方法能否对我们有所帮助。

第四，我们期待会计领域中的税务研究能够更好地结合其他领域的研究成果，特别是公共经济学。由于 SW 推动了税务会计研究范式的变革，因此，我们有点忽略了税务研究在财务和经济领域的悠久历史。例如，经济和财务领域都有大量的研究考察股价和投资者层面税收之间的关系。会计研究者应该注意不要作重复研究。

第五，基本上是最后一个发展方向，随着对各学科共同兴趣的进一步认识，会计领域中的税务研究应该逐步影响财务和经济学中的税务研究。最近，会计学者对资本利得税资本化问题的研究成果就同时影响了会计和相关领域的研究，可能开创了未来交叉影响的先河。我们鼓励会计学者与财务和经济领域的税务研究者开展合作研究。

我们认为需要回答以下一些问题。

第一，财务会计与税务之间已经建立起很强的联系。本文回顾的很多研究都是由税务学者和财务会计学者共同完成的。一些会计学者（包括本文的合作者之一）在这两个领域都有建树。奇怪的是，在管理会计和税务领域之间却没有建立起类似的桥梁。部分原因可能是目前大部分税务研究的经验问题与经验财务会计研究相关。但是，由于税务属于组织内部职能的一部分，因此相对于财务会计而言，其研究问题应该与管理会计所关心的问题更加接近。几个与管理会计密切相关的题目包括：共同控制下企业间的收入转移（如跨国税务研究中所观测到的）、员工薪酬、激励成本的影响等。例如，税收中的转移价格来源于成本分摊。Phillips（1999）考察了管理层薪酬机制与积极税务筹划之间的关系，这就是一个考察管理会计与税务之间可能联系的例子。关注管理会计可能产生的一个后果是，增加会计学者对所得税以外的其他税种的研究兴趣，如销售税、使用税、互联网税、财产税和薪酬税。我们希望更多的研究将管理会计与税务结合起来。

第二，财务会计和税务研究可能都没有很好地研究所得税的会计处理问题。近年来，有几篇论文开始分析所得税的会计处理，但是，据我们所知，现在还没有文章直接探讨所得税的会计处理方法对税务筹划的影响程度。有观察性证据表明，公众公司会操纵其账面有效税率。税务和财务会计研究者可以联合起来研究企业协调降低税负与操纵账面有效税率的方法。

税务研究具有跨学科的性质，是由会计学者、财务学者和经济学者共同进行的。会计学者一般集中在自己具有比较优势的税务领域进行研究。会计学者的比较优势是在讲授税收战略和财务会计的过程中积累下来的，是对制度背景的理解，特别是复杂的税法和财务会计知识。

因此，会计学者所做的研究大多集中在公司税方面，而经济学家所做的研究大多集中在个人税方面，原因是公司税法比个人税法复杂得多。此外，由于会计学者的经济学功底不如经济学家，因此，两者在财务经济学领域的差距通常要比在其他经济学领域（如劳动经济学、宏观经济学）的差距小。这也是因为会计学者的研究专长起源于财务经济学，如公司和金融市场研究。

在公司税务研究领域，会计学者贡献最多的地方是需要更多制度知识的领域，包括并购、国际税收及涉及复杂战略、实体和证券（ESOPS，MIPS）的研究。有关管制企业的税务研究也是一个存在制度优势的研究领域。会计学者在财务会计方面具有绝对比较优势，因此，有关财务会计目标与税收目标权衡问题的研究基本上都是由会计学者完成的。这种情况也同样发生在有关税法 / 会计一致性研究和所得税会计研究方面。

从上可见，美国教授所言的“会计领域中的经验税务研究”一般是站在财务会计、财务管理的角度，或出于财务报告目的而对涉税问题的“经验研究”，而非本书所探讨的“税务会计”，但两者有一个“最大公约数”——其对象都是涉税的交易事项。说明税务研究不仅是税务理论研究的问题，同时也是我们会计研究的重要领域。而会计研究需要跨学科研究，需要财务会计、税务会计、财务管理等的“跨学科研究”，需要协同，需要整合，需要有分有合。当然，更需要专门的税务会计理论研究。

# 第二章 税务会计与纳税筹划概述

## 第一节 税务会计的概念与特点

### 一、税务会计的概念

税务会计是社会经济发展到一定阶段的产物。最早可以追溯到公元前 18 世纪的巴比伦王国。现代所得税法的诞生和不断完善，在税务会计的产生和发展过程中，产生了巨大的推动作用，因为所得税款的形成和计算直接涉及企业的经营、投资和筹资的各个方面，涉及企业收入、收益、成本、费用核算的全过程。同时，增值税的开征和不断完善，也对税务会计提出了更高的核算要求，进一步丰富了税务会计的内容，因为要正确计算增值额和缴纳增值税款，就必然要求企业在会计凭证、账簿设置和登记中，分别反映收入的形成和物化劳动转移的价值以及转移价值中所包含的已纳税金信息。为了适应纳税的需要，迫使税务会计必须从财务会计中分离出来。税务会计是融税收法规与会计核算为一体的一门专业会计。因此，税务会计是以国家现行的税收法律法规为依据，以货币作为主要计量单位，运用会计学的理论和方法，连续、系统、全面地对企业涉税事项，包括税款的形成、计算和缴纳进行确认、计量、记录和报告的一门专业会计。

税务会计是以会计学的理论和核算方法为基础，以税收法令为依据，连续、系统、全面地核算和监督企业有关税务活动中以货币表现的资金运动，以保障国家财政收入和纳税人合法权益的一门专业会计。

税务会计是会计学科的一个重要组成部分，目前，在许多西方国家，税务会计已发展成为会计学的一个独立分支。税务会计与财务会计有着密切的联系，两者在许多方面是可以结合进行的，如设置账簿和编制会计报表应结合财务会计和税务会计的共同需要进行；但两者在某些方面又有明显的区别，财务会计只根据公认的会计原则和会计制度进行账务处理，而税务会计必须按照税法规定进行账务处理。

## 二、税务会计的特点

税务会计的执行主体是企事业单位，任何有纳税义务的企事业单位都必须及时、足额地上缴税款。企事业单位在纳税时，必须按税法的规定进行账务处理。

税务会计的核算对象是税务资金运动过程。即纳税人从取得生产、经营收入开始，到足额向税务机关缴纳税款为止的税务资金运动过程，包括税款的形成、计算、申报、缴纳等环节。

税务会计的核算基础是权责发生制，其依据是国家的税收法令。

税务会计与财务会计相比，具有以下特点。

### （一）法定性

在财务会计核算中，企业可以按照企业会计准则和会计制度的规定，根据自身经济活动的特点和需要，选择相应的会计政策和方法。而税务会计核算必须严格遵循税收法律、法规，当财务会计核算与现行税收法律法规相矛盾时，税务会计必须按现行税法规定，对财务会计核算的会计事项进行纳税调整。由此可见，法定性是税务会计区别于其他专业会计的主要特点。

### （二）融合性

税务会计是从财务会计中分离出来的，是集税收法律、法规与财务会计准则、制度于一体的一门专业会计。在核算中，对财务会计已经确认、计量、记录和报告的事项，只要与税收法律法规不相悖，税务会计不需要进行纳税调整，可以直接运用。所以，税务会计兼税法与财务会计于一身，它与财务会计是相融合的。

### （三）统一性

税务会计以国家现行的税收法律法规为准绳，而税法对同一税种的所有纳税人的规定又都是一致的。从这一点看，税务会计的处理对不同企业同一税种的相同业务处理的政策和方法是一致的。当然，税务会计在统一的前提下，根据具体情况，也存在一定程度上的灵活性。

### （四）筹划性

由于企业涉税多项引起的资金运动，任何纳税人都会在遵守国家税收政策和税收法律法规的前提下，通过对经营、投资、理财等活动的事先安排和策划，选择最优纳税方案，以达到税收负担最低或税收利益最大。因此，税务会计需要在税法允许的范围内进行纳税筹划，正确合理地处理涉税事项，实现企业的财务目标。

# 第二节 税务会计的内容、方法和财务会计的关系

## 一、税务会计的内容

### （一）税务登记

《中华人民共和国税收征收管理法》（以下简称《税收征收管理法》）规定，每一个企业不分经济性质，不分经营规模大小，都应向所在地税务机关办理税务登记。税务登记分为开业登记、变更登记和注销登记三种。

新开业的企业应在取得营业执照之日起30日内，持有关证件向当地税务机关申报办理税务登记，领取并如实填写“税务登记表”一式三份，一份留存，两份报送当地税务机关。税务机关审查核准后发给企业“税务登记证”。企业只有办理开业税务登记后，才能购置发票，开设账簿，进行生产经营。

企业在办理开业税务登记之后的营业期间，如果发生转业、改组、分设、合并、联营、迁移以及其他需要改变税务登记时，应自工商行政管理机关办理变更登记之日起30日内，持有关证件向税务机关申报办理变更登记。

企业因故停业、破产，应在向工商行政管理机关申请办理注销登记之前，持有关证件向税务机关书面报告停业、破产原因，在清理纳税事务完毕之后，办理注销税务登记。

企业必须按照税务机关的规定使用税务登记证件，不得转借、涂改、损毁、买卖或伪造。凡未按照规定的期限申请办理税务登记、变更或注销税务登记的，由税务机关责令限期改正，逾期不改正的，处以2000元以下的罚款；情节严重的，处以2000元以上10 000元以下的罚款。

### （二）发票的购置与使用

发票是企业财务收支业务的法定凭证，它既是企业编制记账凭证进而登记账簿的原始凭证，也是计算应纳税额和税务机关稽查的重要依据。因此，凡是销售产品（商品）、提供劳务及从事其他业务活动的企业，在取得收入时，均应向付款方按规定如实开具发票；所有付款企业，在付出款项时，均应向收款方取得发票。

发票的印制、使用由税务机关统一管理。任何单位和个人未经税务机关批准，均不得印制、出售、转让、涂改、销毁和伪造发票。

用票单位和个人需用发票时，应按规定向税务机关提出购票申请，并提供税务登

记或其他有关证件，经税务机关审查和批准后办理购票手续。凡未办理税务登记的，一律不售给发票，需用发票时由其他经营地税务机关申请填开。

### （三）纳税申报

纳税申报是纳税人履行纳税义务的法定手续。我国《税收征收管理法》规定，纳税人必须在法律、行政法规规定或者税务机关依照法律、行政法规的规定确定的申报期限内办理纳税申报，报送纳税申报表、财务会计报表，以及税务机关根据实际需要要求纳税人报送的其他纳税资料。扣缴义务人必须在法律、行政法规规定或者税务机关依照法律、行政法规的规定确定的申报期限内报送代扣代缴、代收代缴税款报告表，以及税务机关根据实际需要要求扣缴义务人报送的其他有关资料，纳税人、扣缴义务人不能按期办理纳税申报或报送代扣代缴、代收代缴税款报告表的，经税务机关核准，可以延期申报。纳税申报表既是税务机关办理征收业务，核定应征税额的主要依据，又是税务机关考核纳税人是否正确行使纳税义务的凭证。因为纳税人的纳税申报表一经报送主管税务机关，纳税人对纳税申报表的真实程度就要承担法律责任。

纳税人未按规定的期限办理纳税申报的，或扣缴义务人未按规定的期限报送代扣代缴、代收代缴税款报告表的，由税务机关责令限期改正并处以 2000 元以下的罚款；逾期不改正的，处以 2000 元以上 10 000 元以下的罚款。

### （四）应纳税款的计算和缴纳

企业取得收入或实现利润，发生了纳税义务，就必须按照税法规定的方法计算应纳税款，并在规定的期限内向代理国家金库的银行缴纳税款。关于税款的计算期和入库期，各税种中都有具体的规定，企业因特殊原因不能按期缴纳税款，经县以上税务机关批准，可以延期纳税，但最长不得超过三个月。如果企业未经税务机关批准，没有在规定的期限内缴纳税款，税务机关有权根据税收征管法的有关规定进行处罚。

### （五）纳税的账务处理

企业按税法的规定计算出的应纳税额，在规定的期限内进行税款结算和缴纳的账务处理。由于税种不同，行业不同，企业纳税的账务处理方法也不尽相同。

如果企业由于主观或客观原因少缴或多缴了税款，必然会造成会计账目的错漏。对此，必须在查明错漏原因的基础上，根据税法及会计制度的规定进行账务调整。

## 二、税务会计的方法

税务会计的方法主要有设置账户、复式记账、填制和审核凭证、登记账簿、编制会计报表和纳税申报表。除编制纳税申报表以外，其他方法与会计核算的一般方法相同。编制纳税申报表是税务会计区别于其他专业会计的一种专门方法。

## 三、税务会计与财务会计的关系

### （一）税务会计与财务会计的区别

税务会计是社会经济发展到一定阶段后从财务会计中分离出来的，它与财务会计都属于企业会计体系，两者虽然在会计主体、记账基础、核算前提等方面有着相同之处，但在以下几个方面存在着区别。

（1）会计目标不同。税务会计的目标主要是向国家税务机关等征税主体和企业管理部门提供纳税人纳税活动方面的信息；而财务会计的目标主要是向投资人、债权人、政府部门、企业管理者提供企业的财务状况、经营成果和现金流量等信息。

（2）会计对象不同。税务会计的对象是核算和监督纳税人的纳税活动所引起的资金运动和变化；财务会计的对象是核算和监督企业生产经营活动所引起的资金运动和变化，包括资金的投入、循环、周转、退出等过程。

（3）会计核算的法律依据不同。税务会计核算的法律依据，除会计法、会计准则和会计制度等法律法规外，更侧重于税收法律法规；财务会计核算的法律依据是会计法、会计准则和会计制度等法律法规。目前，我国税收法律法规与会计法律法规存在着不少差别，主要表现在收益实现的确认、成本费用的扣减、资产的取得和末期的计价等方面，当会计制度、准则与税收法律法规不一致时，税务会计应以税收法律法规为准来调整财务会计的核算结果。

（4）会计核算的基础不同。税务会计要兼顾财务会计制度和税收法规，综合考虑纳税主体的现实货币支付能力，因此，其核算基础是既要考虑权责发生制，又要考虑收付实现制，是这两者的有机结合；财务会计要遵循企业会计准则和会计制度，强调提供信息的真实性和可靠性，因此，其核算基础是权责发生制。

### （二）税务会计与财务会计的联系

理论上，税务会计与财务会计的目标、对象、法律依据、核算基础等方面存在诸多不同，是两个不同的学科，但税务会计并不是独立于财务会计而单独存在的，它是财务会计的一个专门领域，是从财务会计中分离出来的。二者之间的联系主要体现在：企业只需要一套完整的会计凭证、账簿和报表，税务会计不要求在企业财务会计的凭证、账簿、报表之外再设一套会计凭证、账簿。而且，从会计机构的设置上看，中小企业也可以不专门设置税务会计机构和专职会计人员，税务会计的职能可由财务会计代为履行。税务会计的资料来源于财务会计，它对财务会计与现行税法不符的事项或出于税务筹划目的需要调整的事项，按税务会计方法计算、调整，并作调整会计分录，再融于财务会计账簿或报告之中。

# 第三节 税收筹划的基本知识

## 一、税收筹划的含义、特点及原则

### （一）税收筹划的含义

税收筹划又称为税务筹划或纳税筹划，是指纳税人或其代理人在尊重并遵守国家现行的税收法律法规和政策的前提下，通过对经营、投资、筹资、理财及兼并、重组等活动的事先安排和策划，选择最优的纳税方案，以实现最低税负或延迟纳税的经济行为。税收筹划是纳税人的一种合理且合法的理财行为。

### （二）税收筹划的特点

（1）合法性。合法性是税收筹划的本质特点。税收筹划是纳税人或其代理人通过非违法的方式获得的税收利益。非违法主要表现在两个方面：① 纳税人或其代理人遵守并利用现行税法的规定及税收优惠政策，获得税收利益最大化；② 纳税人或其代理人利用现行税法的漏洞、缺陷、特例或通过转移税负，获得税收利益最大化。因此，税收筹划是在法律允许的范围内进行的，既不违法，也符合国家的立法意图和道德规范。

（2）前置性。税收筹划一般是在纳税人应税行为发生之前对经营、投资、筹资、理财及兼并、重组等活动的事先安排和策划，具有明显的前置性。在纳税人的经济活动中，纳税义务的发生往往在时间上滞后，如流转税是在纳税人交易行为发生后才缴纳，因此为事先进行税收筹划提供了可能，如果纳税义务已经发生，应交税款已经确定，纳税人再去寻求少交税款的途径，那就不属于税收筹划。

（3）专业性。税收筹划既涉及企业经营、投资、筹资等活动，又涉及财务会计专业知识，更要求有精通的税收法律法规水平。因此，税收筹划是一门具有很强专业性的科学，需要有专门的机构和人员从事此项业务。如专门税务师事务所、会计师事务所、律师事务所等机构的专业税收筹划部门和专业税收筹划人员。

（4）目的性。目的性是指纳税人通过税收筹划，减轻税收支出，取得税收利益，实现使企业自身价值或股东财富最大化的财务管理目标。

（5）综合性。综合性是指税收筹划不能仅考虑纳税人个别税种税负的高低或总体税负的轻重，也不能单纯以纳税人眼前税负的高低作为判断标准。而应从纳税人资本总收益的长期稳定增长角度出发。因为，在实际工作中，往往会发生一种税少交了而另一种税又多交了的情况，纳税人总体税负不一定能够减轻。而且，即使总体税负减轻了，但生产成本、期间费用等也可能增加了。所以，在税收筹划中，最优纳税方案并不一定是税负最轻方案，而税负减少也并不一定等于资本收益最大化方案。因此，纳税人在进行税收筹划时，应综合考虑多方面因素进行筹划决策，选择有利于纳税人总体利益的最优方案。应当说明的是，纳税人总体利益最大的方案，多数情况下，也是纳税人总体税负最低的方案。

### （三）税收筹划的原则

（1）合法或不违法原则。纳税人必须以现行的税收法律法规为依据，在熟知税法的前提下，利用税制构成要素中的税负弹性，考虑企业长远的总体利益，选择最优的纳税方案，做到符合税法或不违反税法。这是税收筹划的基本特征，也是税收筹划区别于偷税、逃税、抗税、欠税、用税的本质所在。

（2）合理性原则。合理性原则是指税收筹划应当符合国家的税收立法精神，尽可能用好、用足税收优惠政策，而不是钻税法的空子。利用税收优惠政策为企业创造节税利益，应该是税收筹划中最合理的一种税收筹划方法，不仅税收筹划的风险最低，而且能得到政府的承认和鼓励。

（3）综合性原则。纳税人进行税收筹划的最终目标是实现企业总体财务利益最大化，因此，在进行一种税的税收筹划时，要从企业的整体税负来考量，不能仅看到个别税种的税负低了，税少交了，而应同时考虑企业的其他税费是不是多交了。最理想的税收筹划方案一般是最节税的方案，但如果有多种税收筹划方案选择，总体利益最大但纳税并非最少的方案也应视为理想的方案。

（4）收益和风险兼顾原则。收益和风险是一对孪生兄弟，一般情况下，纳税人的减税收益越大，风险往往也越大。因此，纳税人进行税收筹划时，不仅要考虑减少纳税人的税收支出，实现总体利益最大化，同时，必须保证纳税筹划的稳健性，将涉税风险降到最低，以保证纳税人真正获得财务利益。

（5）事前筹划原则。事前筹划原则是指纳税人应在现行的税收法律法规的框架下，在企业经济活动实际发生之前，有目的地为企业选择最优化的纳税方案。如果经济业务已经发生，应税收入已经实现，纳税义务已经确定，已经产生了税收法律事实，才考虑如何减轻税负，就很容易导致偷逃税款等不正当减税行为的发生，增加税收筹划风险，导致税务部门的处罚，增加违法成本支出，降低企业的经济效益。

## 二、税收筹划的目标

税收筹划的基本目标是：减轻税负，使纳税人的财务利益最大化或者税后利润最大化。主要体现在以下五个方面

（1）降低税收负担。纳税人对直接减轻税收负担的追求，是税收筹划产生的最原

始动因。通过税收筹划减少企业的税金支出，无疑会直接增加企业的现金流量，从而增加企业价值，获得最大财务利益。

（2）实现涉税零风险或低风险。涉税风险包括多交税的风险与少交税的风险两个方面。涉税零风险或低风险是指纳税人严格按税法规定办理各种涉税事务，账目清楚，涉税事项核算和纳税申报正确，缴纳税款及时、足额，不会出现任何关于税收方面的处罚，即在税收方面没有任何风险，或风险极小到可以忽略不计的一种状态。在实际工作中，由于税制具有复杂性、频变性，企业交易行为、税收政策理解、会计人员及管理人员的业务水平等因素都可能给企业带来纳税风险。企业的涉税风险是企业的净损失。税收筹划首先应该实现涉税零风险或低风险，这样，虽然没有直接减轻企业税负，但它避免了企业因涉税业务而发生的经济损失和名誉损失，从而取得诚信纳税的好声誉（较高的纳税信用等级）。

（3）获取资金时间价值，实现税后利润最大化。资金时间价值是指资金随着时间的推移而产生的增值。在实际工作中，往往会发生纳税人在一定时期内的纳税总额无法减少，但是通过税收筹划能够实现推迟（延缓）纳税。这就相当于从政府取得一笔无息贷款，其金额越大、时间越长，企业获取的资金时间价值越大。通过税收筹划实现的推迟（延缓）纳税，可以缓解企业的负债压力，缩小债务规模，减少利息支出，降低企业筹资成本，从而增加企业的现金流量，使纳税人的财务利益最大化或者税后利润最大化。

（4）纳税成本与税收筹划成本最低化。纳税成本包括直接纳税成本和间接纳税成本。前者是纳税人为履行纳税义务而付出的人力、物力和财力，即在计算、交税、退税及办理有关税务凭证、手续时发生的，包括税款在内的各项成本费用；后者是纳税人在履行纳税义务过程中所承受的精神负担、心理压力等。纳税人为履行纳税义务，必然会发生相应的纳税成本。因此，在应纳税额不变的前提下，纳税成本降低意味着纳税人税收利益（税后收益）增加。同时，企业无论是自行进行税收筹划，还是税收筹划外包，都要发生成本费用支出（购买税收筹划产品，更是直接成本），构成税收筹划成本。因此，税收筹划应遵循成本效益原则，即通过税收筹划少交的税款应该大于其筹划成本。只有纳税成本与税收筹划成本最低，才能使纳税人的财务利益最大化或者税后利润最大化。

（5）实现纳税人财务利益或税后利润最大化。要实现纳税人财务利益最大化，就是要做到总收益与总成本（支出）之差最大。在税收因素之外的其他各项收入、成本、费用不变的前提下，对纳税人而言，税收是他们为获得利益而不得不付出的代价，在会计上都作为“费用”处理。如果说减轻税负是税收筹划的直接动因，那么，实现财务利益最大化应是税收筹划的最终目标。

## 三、税收筹划的基本方法

### （一）缩小课税基础

缩小课税基础，不但可以直接减少应纳税额，还可以适用较低税率，以达到双重减税效果。例如，充分利用各项减免税等税收优惠政策，使各项应税收入最小化，缩小流转税的课税基础；再如，在税法允许的范围和限额内，使各项收入最小化，而使各项成本费用最大化等，以缩小以所得额作为课税对象的所得税的税基。

### （二）将高纳税义务转换为低纳税义务

这种方法是指同一经济行为有多种税收方案可供选择时，纳税人尽量避开退税点而选择低税点，以减轻纳税义务，获得税收利益。通常情况下，税率的高低与纳税义务的高低力有密切的关系。各种税法除少数采用单一税率外，均采用各种不同税率，如比例税率、定额税率、累进税率等，选择适用较低税率，可以有效降低税负。一般采用累进税率、税目，行税效果最大。

### （三）税收递延

税收递延是指延缓纳税期限，即在税法允许的时间内，允许企业分期或延迟缴纳税款。资金有时间价值，延缓纳税期限，可享受无息贷款的利益。延期纳税的方法一般有以下几种。

（1）根据税法“在被投资方会计账务上实际作利润分配处理时，投资方应确认投资所得的实现”的规定，可以把实现的利润转入低税负的子公司内不予分配，同样可以降低母公司的应纳税所得额，达到延期纳税的目的。

（2）在预交企业所得税时，按税法“纳税人预交所得税时，应当按纳税期限的实际数预交。按实际数预交有困难的，可以按上一年度应纳税所得额的 1/12 或 1/4，或者经当地税务机关认可的其他方法分期预交所得税。预交方法一经确定，不得随意改变”的规定，纳税人可事先预测企业的利润实现情况，如果预计今年的效益比上一年好，可选择按上一年度应纳税所得额的一定比例预交，反之，则按实际数预交。

（3）合理归属所得年度。所得年度的归属，可以通过收入、成本、损费等项目的增减或分摊来确定，但需要正确预测销售的形成、各项费用的支付，以了解企业获利的趋势，做出合理的安排，以享受最大利益。如分期付款销售毛利的确认方法或时点的决定和存货计价、折旧计提方法的选择等成本确认方法的确定等。

（4）用足、用好税收优惠政策。税收优惠包括免税、减税、税率差异、税收扣除、税收抵免、税收返还、亏损弥补等。纳税人将税收优惠政策用足、用好，能够在风险为零的情况下，进行税收筹划，取得税收利益。例如，2008 年 1 月 1 日在我国开始实施的《企业所得税法》规定，企业所得税的基本税率为 25%；但经税务机关认定为小型微利企业的，其税率为 20%；经税务机关认定为高新技术企业的，使用税率为 15%。因此，企业可以充分利用所得税税率差异，在企业类型上，尽量寻求税率最低化，并且寻求税率差异的稳定性和长期性来获得税收利益。

# 第三章　税务会计制度

## 第一节　税务登记制度

税务登记制度是税务机关对纳税人的生产经营内容进行登记管理，掌握辖区内税源分布情况和纳税人生产经营活动的一项基本制度。根据我国《税收征收管理法》的规定，税务管理包括税务登记，账簿、凭证管理，纳税申报三大主体内容。

### 一、税务登记的概念

税务登记又称为纳税登记，是纳税人在开业、歇业前以及生产经营期间发生较大变动时，在法定期间内就其经营情况向主管税务机关办理书面登记的一项法定手续。

与工商登记一致，根据办理登记的时间与内容的不同，税务登记主要分为三种类型，即开业登记、变更登记和注销登记。与工商登记不同的是，根据税务管理的需要，税务登记还包括停业与复业登记、外出经营报验登记两种类型。

### 二、开业税务登记

开业税务登记是指纳税人经由工商登记而设立或者依照法律、行政法规规定成为法定纳税义务人时，依法向税务机关办理的税务登记，通常简称为开业登记或税务登记。

#### （一）登记范围

我国《税收征收管理法》规定，办理开业税务登记的主体范围包括以下三类。

（1）从事生产、经营的纳税人（包括企业，企业在外地设立的分支机构和从事生产、经营的场所，个体工商户以及从事生产、经营的事业单位）应当自领取营业执照之日起 30 日内，持有关证件向税务机关申报办理税务登记。

（2）不从事生产经营活动，但依照法律、行政法规的规定负有纳税义务的单位和个人，除临时取得应税收入或发生应税行为以及只缴纳个人所得税、车船使用税外，也应按规定向税务机关办理税务登记。

（3）依照税收法律、行政法规规定负有代扣代缴、代收代缴税款义务的扣缴义务人，应当向主管税务机关申报办理扣缴税款登记，领取代扣代缴或者代收代缴税款凭证。

### （二）登记时间

从事生产、经营的纳税人应当自领取营业执照之日起 30 日内，持有关证件向税务机关申报办理。需要说明的是，从事生产、经营的纳税人所属的跨地区的非独立经济核算的分支机构，除由总机构申报办理税务登记外，也应当自设立之日起 30 日内，向所在地税务机关申报办理税务登记。

非从事生产、经营活动，但按规定也应办理税务登记的单位和个人，应当自有关部门批准之日起 30 日内或自依照法律、行政法规的规定成为法定纳税义务人之日起 30 日内，按照《税收征收管理法》及其实施细则规定的程序和要求，向税务机关申报办理。

### （三）登记程序及内容

（1）填写税务登记表。从事生产、经营的纳税人应当在规定的时间内，向税务机关提出申请办理税务登记的书面报告，如实填写税务登记表。

税务登记表的主要内容包括：① 单位名称、法定代表人或者业主姓名及其居民身份证、护照或者其他合法证件的号码；② 住所、经营地点；③ 经济性质；④ 企业形式、核算方式；⑤ 生产经营范围、经营方式；⑥ 注册资金（资本）、投资总额、开户银行及账号；⑦ 生产经营期限、从业人数、营业执照号码；⑧ 财务负责人、办税人员；⑨ 其他有关事项。

此外，企业在外地设立的分支机构或者从事生产、经营的场所，应登记总机构名称、地址、法定代表人、主要业务范围、财务负责人。这样规定便于税务机关对总机构与分支机构之间的经济往来进行税务管理。

除填写税务登记表外，在实践活动中，税务机关还要求纳税人填写税种登记表，符合增值税一般纳税人条件的纳税人，还应填写增值税一般纳税人申请认定表。

（2）提供有关证件、资料。纳税人向税务机关填报税务登记表的同时，应当根据不同情况相应提供下列有关证件、资料：① 营业执照；② 有关合同、章程、协议书；③ 银行账号证明；④ 居民身份证、护照或者其他合法证件；⑤ 税务机关要求提供的其他有关证件、资料。

（3）审核发证。对纳税人填报的税务登记表，提供的有关证件及资料，税务机关应当自收到之日起 30 日内审核完毕：符合规定的，予以登记，并发给税务登记证件；对不符合规定的，也应给予答复。

（4）建立纳税人登记资料档案。所有的登记工作完毕后，税务登记部门应将纳税人填报的各种表格以及提供的有关资料及证件复印件建成纳税人登记资料档案，并制成纳税人分户电子档案，为以后的税收征管提供可靠的信息来源。

### （四）办理税务登记

企业在外地设立的分支机构和从事生产、经营的场所，个体工商户和从事生产、经营的事业单位（以下统称为从事生产、经营的纳税人），向生产、经营所在地税务机关申报办理税务登记。

（1）从事生产、经营的纳税人领取工商营业执照（含临时工商营业执照）的，应当自领取工商营业执照之日起 30 日内申报办理税务登记，税务机关核发税务登记证及副本（纳税人领取临时工商营业执照的，税务机关核发临时税务登记证及副本）。

（2）从事生产、经营的纳税人未办理工商营业执照，但经有关部门批准设立的，应当自有关部门批准设立之日起 30 日内申报办理税务登记，税务机关核发税务登记证及副本。

（3）从事生产、经营的纳税人未办理工商营业执照，也未经有关部门批准设立的，应自纳税义务发生之日起 30 日内申报办理税务登记，税务机关核发临时税务登记证及副本。

（4）有独立的生产经营权、在财务上独立核算并定期向发包人或者出租人上交承包费或租金的承包承租人，应当自承包承租合同签订之日起 30 日内，向其承包承租业务发生地税务机关申报办理税务登记，税务机关核发临时税务登记证及副本。

（5）从事生产、经营的纳税人外出经营，自其在同一县（市）实际经营或提供劳务之日起，在连续的 12 个月内累计超过 180 天的，应当自期满之日起 30 日内，向生产、经营所在地税务机关申报办理税务登记，税务机关核发临时税务登记证及副本。

（6）境外企业在中国境内承包建筑、安装、装配、勘探工程和提供劳务的，应当自项目合同或协议签订之日起 30 日内，向项目所在地税务机关申报办理税务登记，税务机关核发临时税务登记证及副本。

（7）纳税人办理税务登记应携带的资料包括：① 营业执照或者其他核准开业证件的副本及影印件；② 业主或负责人居民身份证影印件；③ 法定代表人证及影印件（个体免带）；④ 办税人员办税员证和会计证原件及影印件（个体免带）；⑤ 企业法人代码证书副本及影印件（个体免带）；⑥ 企业成立的有关合同、章程、协议书（个体免带）；⑦ 企业公章和财务专用章印模（个体免带）；⑧ 纳税人经营场所证明原件及影印件；⑨ 银行账号证明；⑩ 当地税务机关要求提供的其他有关证明、资料。

### （五）领取税务登记证

纳税人办理税务登记后，符合规定、资料齐全的，在税务登记窗口缴纳税务登记证工本费后，领取税务登记证。税务机关不能当场发放的，领取《税务文书领取通知单》，按照通知单注明的领取日期到税务机关税务登记窗口领取税务登记证。税务登记证件包括税务登记证及其副本、临时税务登记证及其副本。扣缴税款登记证件包括扣缴税款登记证及其副本。附领取资料包括税务登记表、纳税核定通知书等。

## 三、变更税务登记

纳税人税务登记内容发生变化的，应当向原税务登记机关申报办理变更税务登记。

纳税人已在工商行政管理机关办理变更登记的，应当自工商行政管理机关变更登记之日起30日内，向原税务登记机关如实提供下列证件、资料，申报办理变更税务登记：① 工商登记变更表及工商营业执照；② 纳税人变更登记内容的有关证明文件；③ 税务机关发放的原税务登记证件（登记证正、副本和登记表等）；④ 其他有关资料。

纳税人按照规定不需要在工商行政管理机关办理变更登记，或者其变更登记的内容与工商登记内容无关的，应当自税务登记内容实际发生变化之日起30日内，或者自有关机关批准或者宣布变更之日起30日内，持下列证件到原税务登记机关申报办理变更税务登记：① 纳税人变更登记内容的有关证明文件；② 税务机关发放的原税务登记证件（登记证正、副本和税务登记表等）；③ 其他有关资料。

## 四、注销税务登记

纳税人发生解散、破产、撤销以及其他情形，依法终止纳税义务的，应当在向工商行政管理机关或者其他机关办理注销登记前，持有关证件和资料向原税务登记机关申报办理注销税务登记。按规定不需要在工商行政管理机关或者其他机关办理注册登记的，应当自有关机关批准或者宣告终止之日起15日内，持有关证件和资料向原税务登记机关申报办理注销税务登记。

纳税人被厂商行政管理机关吊销营业执照或者被其他机关予以撤销登记的，应自营业执照被吊销或者被撤销之日起15日内，向原税务登记机关申报办理注销税务登记。

纳税人因住所、经营地点变动，涉及改变税务登记机关的，应当在向工商行政管理机关或者其他机关申请办理变更、注销登记前，或者住所、经营地点变动前，持有关证件和资料向原税务登记机关申报办理注销税务登记，并自注销税务登记之日起30日内向迁达地税务机关申报办理税务登记。

境外企业在中国境内承包建筑、安装、装配、勘探工程和提供劳务的，应当在项目完工、离开中国前15日内，持有关证件和资料向原税务登记机关申报办理注销税务登记。

注销税务登记操作步骤如下：① 纳税人需要终止纳税义务的，应当在向工商行政管理机关申请办理注销登记之前，持有关证件向税务机关申报办理注销税务登记；② 填写《纳税人停业、注销及变更税务登记表》；③ 交清全部应纳的税款、滞纳金和罚款（查征所得税的应先清算）；④ 交回税务登记证正副本、发票领购簿及未用完的发票。

## 五、停复业登记

实行定期定额征收方式的个体工商户需要停业的，应当在停业前向税务机关申报办理停业登记。纳税人的停业期限不得超过一年。

纳税人在申报办理停业登记时，应如实填写停业申请登记表，说明停业理由、停业期限、停业前的纳税情况和发票的领、用、存情况，并结清应纳税款、滞纳金、罚款。税务机关应收存其税务登记证件及副本、发票领购簿、未使用完的发票和其他税务证件。

纳税人在停业期间发生纳税义务的，应当按照税收法律、行政法规的规定申报缴纳税款。

停复业登记操作步骤如下：① 纳税人在经营期内需要停业的，应当在停业前向原办理税务登记机关提出申请；② 填写《纳税人停业、注销及变更税务登记表》；③ 交清全部应纳的税款、滞纳金和罚款（查征所得税的应先清算）；④ 交回税务登记证正副本、发票领购簿及未用完的发票；⑤ 停业到期前 10 日内填报《复业申请表》；⑥ 批复后可重新取回税务登记证正副本、发票领购簿。

## 六、外出经营报验登记

报验登记是指纳税人外出经营的税务登记管理。外出经营是指从事生产经营的纳税人到外县（市）从事生产、经营活动。

### （一）纳税人外出经营的税收管理

纳税人到外县（市）临时从事生产经营活动的，应当在外出生产经营以前，持税务登记证向主管税务机关申请开具《外出经营活动税收管理证明》（以下简称《外管证》）。具体程序如下。

（1）申请纳税人需到外县（市）从事经营活动的，主管税务机关应持以下资料、证明到主管税务机关申请办理《外管证》：① 税务登记证（副本）；②《外出经营活动税收管理证明申请审批表》一式两份；③ 外出经营场所的相关证明或租赁合同及复印件（适用于纳税人到外埠销售货物的）；④ 建筑安装工程施工合同、中标通知书、施工许可证或开工报告及复印件（适用于纳税人到外埠从事建筑安装工程的）。

（2）受理、审核并发证。税务机关受理纳税人填写的申请，经审核无误后，按照一地一证的原则核发《外管证》。外出销售货物的，证明有效期一般为 30 日。从事生产、经营的纳税人外出经营，在同一地累计超过 180 天的，应当在营业地办理税务登记手续。

（3）外出经营活动结束后，纳税人应于 10 日内将经营地主管税务机关注明经营情况并加盖印章的《外管证》向主管税务机关申请办理核销手续。

### （二）外县（市）税务机关的报验登记

外县（市）税务机关的报验登记程序如下。

（1）纳税人申报。纳税人应在到达外出经营地进行经营前，向外出经营地税务机关申报，同时提交以下证件、资料：税务登记证（副本）、《外管证》及税务机关要求提供的其他证件、资料。

（2）受理。税务机关受理纳税人提供的上述资料，审核纳税人填写表格是否符合要求，附报资料是否齐全，审核无误后为纳税人办理报验登记手续。

（3）查验。办理报验登记的税务机关根据纳税人报送的资料进行实地查验，报验与实际一致的，在《外管证》上签署意见并加盖税务机关印章；报验与实际不一致的，报验地税务机关按照有关规定进行税收管理。

纳税人所携带货物未在《外管证》注明地点销售完毕需异地销售的，必须经过注明地点的税务机关验审，并在证明上转注；异地销售而未经注明地点的税务机关验审转注的，视为未持有《外管证》。

外出经营的纳税人需使用发票的，需提供担保人或缴纳发票保证金后，向外出经营地税务机关申请领购发票。

外出经营活动结束，纳税人向外出经营地税务机关申报并经税务机关核实，结清应纳税款、缴销未使用发票并办理有关手续后，外出经营地税务机关进行报验登记的注销处理，并在《外管证》上注明纳税人的经营、纳税及发票使用情况，将证明回执联缴纳税人送证明填发地税务机关，证明单的证明联由外出经营地税务机关留存。

## 七、税务登记证的作用和管理

税务登记证是税务机关向办埋税务登记的纳税人核发的一种证件，是纳税人纳入税务机关管理的证明，也是税务机关对纳税人实施税务管理的有效证明。

纳税人在办理下列事项时必须持税务登记证件：① 在银行或其他金融机构开立基本存款账户或其他存款账户；② 申请减税、免税、退税；③ 领购发票；④ 申请填开《外管证》；⑤ 申请办理增值税一般纳税人认定手续；⑥ 其他有关税务事项。

税务机关对税务登记证件实行定期验证和换证制度。纳税人应当在规定的期限内，持有关证件到主管税务机关办理验证或者换证手续。纳税人应当将税务登记证件正本在其生产、经营场所或者办公场所公开悬挂，接受税务机关检查。纳税人遗失税务登记证件的，应当在 15 日内书面报告主管税务机关，并登报声明作废。

# 第二节　税务会计管理制度

从事生产、经营的纳税人应当自领取营业执照或者发生纳税义务之日起15日内，按照国家有关规定设置账簿。

## 一、税务会计凭证、账簿的概念

凭证是指纳税人、扣缴义务人用来记录经济业务，明确经济责任，并据以登记账簿的书面证明。凭证分为原始凭证和记账凭证。

账簿是指纳税人、扣缴义务人以会计凭证为依据，全面、连续、系统地记录各种经济业务的账册或簿籍，包括总账、明细账、日记账及其他各种辅助账簿。

## 二、税务会计凭证、账簿的设置

纳税人、扣缴义务人应按有关法律、行政法规和国务院财政、税务主管部门的规定设置账簿，根据合法、有效的凭证记账，进行核算。具体如下。

（1）从事生产、经营的纳税人应当自领取营业执照或者发生纳税义务之日起15日内，按照国家有关规定设置账簿。总账、日记账应当采用订本式。

（2）生产、经营规模小又确无建账能力的纳税人，可以聘请经批准从事会计代理记账业务的专业机构或者经税务机关认可的财会人员代为建账和办理账务；聘请上述机构或者人员有实际困难的，经县以上税务机关批准，可以按照税务机关的规定，建立收支凭证粘贴簿、进货销货登记簿或者使用税控装置。

（3）扣缴义务人应当自税收法律、行政法规规定的扣缴义务发生之日起10日内，按照所代扣、代收的税种，分别设置代扣代缴、代收代缴税款账簿。

（4）纳税人、扣缴义务人的会计制度健全，能够通过计算机正确、完整计算其收入和所得或者代扣代缴、代收代缴税款情况的，其计算机输出的完整的书面会计记录可视同会计账簿。纳税人、扣缴义务人的会计制度不健全，不能通过计算机正确、完整计算其收入和所得或者代扣代缴、代收代缴税款情况的，应当建出总账及与纳税或与代扣代缴、代收代缴税款有关的其他账簿。

## 三、税务会计凭证、账簿的保管

税务会计账簿、记账凭证、报表、完税凭证、发票、出口凭证以及其他有关涉税资料应当合法、真实、完整，保存期限为10年，法律、行政法规另有规定的除外。

## 四、发票管理

发票是指在购销商品、提供或者接受服务以及从其他经营活动中，开具、收取用以摘记经济业务活动的收付款凭证，它是确定经营收支行为发生的法定凭证，是会计核算的原始凭证，是税务机关进行税源控管和开展税务稽查的重要依据，是购货合同的权益证明，是保护消费者合法权益的有效凭证。

### （一）发票的种类与使用范围

发票由国家税务机关按照各自的管理权限分别进行管理。按照主体税种不同划分，增值税纳税人使用的发票由国家税务局管理，如增值税专用发票、工商企业商品销售发票、加工修理发票等。增值税纳税人使用的发票由地方税务局管理，如服务业、建筑安装业、运输业、金融保险业等开具的各种发票。

按照行业不同划分，发票可分为工业发票、商业发票、服务业发票、交通运输业发票、建筑安装业发票等；按照所用纸质不同划分，发票可分为普通纸发票、涂碳纸发票、水印纸发票等；按照填开金额的不同限制划分，发票可分为无限额发票、限额发票、定额发票等；按照使用对象的不同划分，发票可分为通用发票和单位具名发票等；按照填开方式不同划分，发票可分为手写发票、计算机发票、税控发票等；按照用途不同划分，发票可分为增值税专用发票、普通发票和专业发票等。

发票的种类繁多，主要是按行业特点和纳税人的生产经营项目进行分类，每种发票都有其特定的使用范围。

税务机关是发票的主管机关，负责发票印制、领购、开具、取得、保管、缴销的管理和监督。

### （二）发票的主要内容

发票一般包括以下内容：票头、字轨号码、联次及用途、客户名称、银行开户账号、商（产）品名称或经营项目、计量单位、数量、单价、金额（大小写）、经手人、单位印章、开票日期等。缴纳增值税的单位所使用的增值税专用发票还应有税种、税率、税额等内容。

### （三）发票的保管及丢失被盗处理

发票的保管要建章立制、设置台账、定期保存。已开具的发票存根联和发票登记簿及账册应当保存10年，保存期满报经税务机关查验后销毁。增值税专用发票要放在保险柜内，设专人保管，设置领、用、存登记簿，取得的发票抵扣联装订成册。未经批准，不得跨规定的区域携带、邮寄、运输空白的发票。禁止携带、邮寄、运输空白的发票出入国境。

纳税人的增值税专用发票和普通发票丢失、被盗时，应立即报告主管国税机关，并接受国税机关处罚。增值税专用发票丢失、被盗的，纳税人应在事发当日书面报告国税机关，并在《中国税务报》公开声明作废。

### （四）购买普通发票的程序

纳税人在领取税务登记证件后，应向主管税务机关提出领购发票申请（通常情况下，购票申请3～4个工作日就可以通过经办人与本公司税务专管员及时沟通），同时提供经办人身份证明、税务登记证件、办税员证（如果忘带办税员证，可以用法人身份证和加盖公司财务章的购买发票委托书）或者其他有关证明，以及财务印章或者发票专用章的印模。如果曾经购买过发票，那么还需出示使用完毕的最后一张发票的复印件（购买增值税专用发票也是如此）。主管税务机关在对纳税人的领购发票申请及有关证件审核后，发给其《发票领购簿》。纳税人凭《发票领购簿》上核准的发票种类、数量以及购票方式，向主管税务机关领购发票。

办税员证需要申请（身份证、照片等资料），申请下来后，还要参加培训。购买发票时，需携带并出示该证件。

不需办理税务登记，临时需要使用发票的纳税人，可以直接向税务机关申请领购，或者向税务机关申请代开发票，即需要发票时，可以凭发生的购销业务，提供接受服务或者其他经营活动的书面证明直接到税务机关申请开具。对税法规定应当缴纳税款的，税务机关在开具发票的同时征税。

临时到省外从事经营活动的单位和个人，凭所在地税务机关的证明，向经营地税务机关申请领购发票。经营地税务机关可要求其提供保证人，或者根据所领购发票的票面限额及数量缴纳不超过1万元的保证金，并限期缴销发票。按期缴销发票的，解除保证人的担保义务或者退还保证金；未按期缴销发票的，税务机关可以责令保证人缴纳罚款或者以保证金缴纳罚款。

### （五）购买增值税专用发票的程序

增值税专用发票仅限于一般纳税人领购，小规模纳税人和非增值税纳税人不得领购。一般纳税人领购专用发票，首先要向主管税务机关提出申请，并提供盖有“一般纳税人确认章”的税务登记证副本、经办人身份证明、单位财务专用章或者发票专用章印模以及税务机关要求提供的其他证件、资料，经县（市）税务机关审批后，由专用发票管理部门核发《发票领购簿》。纳税人可以凭《发票领购簿》、经办人身份证明，按照《发票领购簿》上核定的票面金额、数量和购票方式，到主管国税机关领购专用发票。

## 第三节　纳税申报制度

纳税申报是指纳税人、扣缴义务人按照法律、行政法规的规定，在申报期限内就纳税事项向税务机关书面申报的一种法定手续。

### 一、纳税申报的方式

税务机关应当建立、健全纳税人自行申报纳税制度，但经税务机关批准，纳税人、扣缴义务人也可以采取邮寄、数据电文方式办理纳税申报，或者报送代扣代缴、代收代缴税款报告表。另外，实行定期定额缴纳税款的纳税人，可以实行简易申报、简并征期等申报纳税方式。

#### （一）上门申报

纳税人、扣缴义务人、代征人应当在纳税申报期限内到主管国家税务机关办理纳税申报、代扣代缴、代收代缴税款或委托代征税款报告。

#### （二）邮寄申报

纳税人采取邮寄方式办理纳税申报的，应当使用统一的纳税申报专用信封，并以邮政部门收据作为申报凭据。邮寄申报以寄出的邮戳日期为实际申报日期。

#### （三）数据电文申报

数据电文申报是指税务机关确定的电话语音、电子数据交换和网络传输等电子方式。纳税人采取电子方式办理纳税申报的，应当按照税务机关规定的期限和要求保存有关资料，并定期书面报送主管税务机关。

### 二、纳税申报的范围

下列纳税人或者扣缴义务人、代征人应当按期向主管国家税务机关办理纳税申报或者代扣代缴、代收代缴税款报告、委托代征税款报告：① 依法已向国家税务机关办理税务登记的纳税人。包括：各项收入均应当纳税的纳税人；全部或部分产品、项目或者税种享受减税、免税照顾的纳税人；当期营业额未达起征点或没有营业收入的纳税人；实行定期定额纳税的纳税人；应当向国家税务机关缴纳企业所得税以及其他税种的纳税人。② 按规定不需向国家税务机关办理税务登记，以及应当办理而未办理税务登记的纳税人。③ 扣缴义务人和国家税务机关确定的委托代征人。

## 三、纳税申报的期限

### （一）各税种的申报期限

（1）缴纳增值税、消费税的纳税人，以一个月或一个季度为一期纳税的，于期满后15日内申报，以1天、3天、5天、10天、15天为一期纳税的，自期满之日起5日内预缴税款，于次月一日起15日内申报并结算上月应纳税款。

（2）缴纳企业所得税的纳税人应当自月份或季度终了之日起15日内，向国税局报送预交企业所得税纳税申报表。企业应当自年度终了5个月内，向税务机关报送年度企业所得税纳税申报表，并汇算清缴，结清应交应退税款。企业在年度中间中止经营活动的，应当自实际经营终止之日起60日内，向税务机关办理企业所得税汇算清缴。企业应当在办理注销登记前，就其清算所得向税务机关申报缴纳企业所得税。

（3）税法已明确规定纳税申报期限的，按税法规定的期限申报。

（4）税法未明确规定纳税申报期限的，按主管国家税务机关根据具体情况确定的期限申报。

（5）实行定期定额缴纳税款的纳税人，可采用简易申报、简并征期等纳税申报方式。

### （二）申报期限的顺延

纳税人办理纳税申报期限的最后一日，如遇公休、节假日的，可以顺延。

### （三）延期办理纳税申报

纳税人、扣缴义务人、代征人按照规定的期限办理纳税申报，或者报送代扣代缴、代收代缴税款报告表、委托代征税款报告表确实困难，需要延期的，应当在规定的申报期限内向主管国家税务机关提出书面延期申请，经主管国家税务机关核准，在核准的期限内办理。纳税人、扣缴义务人、代征人因不可抗力情形，不能按期办理纳税申报或者报送代扣代缴、代收代缴税款或委托代征税款报告的，可以延期办理，但应在不可抗力情形消除后立即向主管国家税务机关报告。

## 四、纳税申报的内容

纳税人办理纳税申报时，应如实填写纳税申报表，并根据不同情况相应报送下列有关证件、资料：① 财务会计报表及其说明材料；② 与纳税有关的合同、协议及凭证；③ 税控装置的电子报税资料；④《外管证》和异地完税凭证；⑤ 境内或境外公证机构出具的有关证明文件；⑥ 纳税人、扣缴义务人的纳税申报表及附列资料；⑦ 扣缴义务人办理代扣代缴、代收代缴税款报告时，应报送代扣代缴、代收代缴税款的合法凭证以及税务机关规定的其他有关证件、资料；⑧ 税务机关规定应当报送的其他有关证件、资料。

## 第四节　税款缴纳制度

税款缴纳制度是指税务机关按照税法规定将纳税人应缴纳的税款收缴入库的法定制度。税款征收是税务机关依照税收法律、法规规定将纳税人应当缴纳的税款组织征收入库的一系列活动的总称，是税收征收管理的核心内容，是税务登记、账簿票证管理、纳税申报等税务管理工作的目的和归宿。

### 一、税款缴纳的方式

由于各类纳税人的具体情况不同，因而税款的征收方式也应有所区别。中国现阶段可供选择的税款缴纳方式主要有以下几种。

（1）查账征收，是指按照纳税人提供的账表所反映的经营情况，依照适用的税率计算缴纳税款的方法。其具体程序是：先由纳税人在规定的纳税期限内，用纳税申报表的形式向国税局或地税局办理纳税申报，经国税局或地税局审查核实后，填写缴款书缴纳税款。这种缴纳方式适用于账簿、凭证、财务会计制度比较健全，能够据以如实核算，反映生产经营成果，正确计算应纳税款的纳税人。

（2）查定征收，是指由税务机关根据纳税人的生产设备等在正常情况下的生产、销售情况，对其生产的应税产品查定产量和销售额，然后依照税法规定的税率征收的一种税款征收方式。这种税款征收方式主要是对生产不固定、账册不健全的单位采用。

（3）查验征收，是指由税务机关对纳税申报人的应税产品进行查验后征税，并贴上完税证、查验证或盖查验戳，并据以征税的一种税款征收方式。这种税款征收方式主要是对零星、分散的高税率产品适用。

（4）定期定额征收，是指税务机关依照有关法律、法规的规定，按照一定的程序核定纳税人在一定经营时期内的应纳税经营额及收益额，并以此为计税依据，确定其应纳税额的一种税款征收方式。这种税款征收方式适用于生产经营规模小又确无建账能力，经主管税务机关审核批准可以不设置账簿或暂缓建账的小型纳税人。依照《税收征收管理法》的规定，纳税人有下列情形之一的，税务机关有权核定其应纳税额：① 依照法律、行政法规的规定可以不设置账簿的；② 依照法律、行政法规的规定应当设置但未设置账簿的；③ 擅自销毁账簿或者拒不提供纳税资料的；④ 虽设置账簿，但账面混乱或者成本资料、收入凭证、费用凭证残缺不全，难以查账的；⑤ 发生纳税义务，未按照规定的期限办理纳税申报，经税务机关责令限期申报，逾期仍不申报的；⑥ 纳税人申报的计税依据明显偏低，又无正当理由的。

（5）代收代缴，是指负有收缴税款义务的法定义务人对纳税人应纳的税款进行代收代缴的方式。即由与纳税人有经济业务往来的单位和个人向纳税人收取款项时，依照税收的规定收取税款。这种方式一般适用于税收网络覆盖不到或很难控制的领域，如受托加工应交消费税的消费品，由受托方代收代缴的消费税。

（6）代扣代缴，是指按照税法规定，负有扣缴税款的法定义务人在向纳税人支付款项时，从所支付的款项中直接扣收税款的方式。其目的是对零星分期、不易控制的税源实行源泉控制。

（7）委托征收，是指受托单位按照税务机关核发的代征证书的要求，以税务机关的名义向纳税人征收一些零散税款的一种税款征收方式。

## 二、税款缴纳的凭证

（1）税收缴款书，是指纳税人直接向银行缴纳及扣缴义务人向银行汇总缴纳税款（固定资产投资方向调节税和出口货物税收除外）时使用的一种通用交款凭证。

（2）固定资产投资方向调节税专用缴款书（目前暂停征收），是指专用于纳税人直接向银行缴纳固定资产投资方向调节税的缴款书。

（3）税收汇总专用缴款书，是指税务机关自收现金税款，以及代征代售单位（个人）代征、代扣税款后，向银行汇总交款时使用的专用缴款书。汇总缴款时，用本缴款书或用“税收通用缴款书”，由各地自定。

（4）税收通用完税证，是指税务机关和代征单位自收现金税款时使用的一种通用收款凭证。

（5）税收定额完税证，是指税务机关和委托代征单位征收屠宰税、临时性经营等流动性零散税收时使用的一种票面印有固定金额的现金收款凭证。该完税证不得用于征收固定纳税户的税款，也不得发放给扣缴义务人使用。

（6）税收转账专用完税证，是指纳税人采用信用卡（或磁卡），支票和电子结算等转账结算方式缴纳税款时使用的完税凭证。此凭证仅用于证明纳税人已完税，不得用于收取现金。该凭证可发给纳税人开户银行使用。

（7）代扣代收税款凭证，是指税法规定的扣缴义务人向纳税人扣收税款、费用时使用的一种专用收款凭证。税务机关委托的代征单位代征税款时不得使用此凭证，应使用税收通用完税证或定额完税证。

（8）税收罚款收据，是指纳税人或扣缴义务人发生税务违章行为，由税务机关依法处以罚款，事后以现金向税务机关缴纳罚款时使用的一种专用收款凭证。

（9）当场处罚罚款收据，是指纳税人或扣缴义务人发生税务违章行为，由税务机关依法处以罚款，并当场以现金向税务机关执罚人员缴纳罚款时使用的一种专用收款凭证。

（10）印花税票，是指在凭证上直接印有固定金额，专门用于征收印花税税款，并必须粘贴在应税凭证上的一种有价证券。按其票面金额可分为 1 角、2 角、5 角、1 元、2 元、5 元、10 元、50 元和 100 元等。

（11）列入税收票证管理的其他凭证及章戳：① 出口货物完税分割单，是指出口企业或市（县）外贸企业将购进货物再调拨销售给其他出口企业时，凭原购进货物的“出口货物税收专用缴款书”到当地县级国家税务局换取的一种出口货物退税专用凭证。此分割单由国家税务局系统专用。② 车船使用税标志，是指统一粘贴在机动车辆上专门用于证明车船已经完税或已经获准免税的一种凭证。按标志内容不同分为完税标志和免税标志两种。完税标志印有“税讫”字样，适用于已缴纳车船使用税和车船使用牌照税的车辆，以及纳税有困难给予定期减免的车辆；免税标志印有“免税”字样，适用于税收法规明确规定免征车船使用税或车船使用牌照税的车辆。③ 税票调换证，是指税务机关进行税收票证检查时，换取纳税人收执的税收完税凭证收据联时使用的一种证明性完税凭证。④ 固定资产投资方向调节税零税率项目凭证，是指固定资产投资方向调节税纳税人发生纳税义务后，经税务机关核定，其投资项目整体适用零税率时，由税务机关给纳税人开具的证明其投资项目税率为零税率时，由税务机关给纳税人开具的证明其投资项目税率为零的一种凭证。⑤ 纳税保证金收据，是指税务机关收取纳税保证金时使用的专用凭证。⑥ 印花税票销售凭证，是指税务机关和代售单位（个人）销售印花税票时使用的专供购买方报销的凭证。⑦ 票证专用章戳，是指税务机关印制税收票证和征退税款时使用的各种专用章戳，包括税收票证监制章、征税专用章、退税专用章、印花税收讫专用章等。税收票证监制章是套印在税收票证上，用以表明税收票证制定单位和票证印制合法性的一种章戳；征税专用章是税务机关办理税收征收和管理业务，填开税收票证时使用的征税业务专用公章；印花税收讫专用章是采用以税收完税证或税收缴款书代替贴花缴纳印花税时，加盖在应税凭证上，用以证明应税凭证已完税的一种专用章戳。

（12）国家税务总局、省级国家税务局和地方税务局规定列入税收票证管理的其他各种票证及章戳。

# 第五节 税务代理制度

## 一、税务代理的概念和特征

税务代理属于民事代理的一种，是一种专项的代理。所谓税务代理，是指税务代理人（注册税务师）在国家法律、法规规定的范围内，以税务师事务所的名义接受纳税人、扣缴义务人的委托，以纳税人、扣缴义务人的名义代为办理税务事宜的各项行为的总称。

### （一）主体的特定性

在税务代理中，无论是委托方还是受托方都有其特定之处。委托方是负有纳税人义务的纳税人或负有扣缴义务的扣缴义务人；而受托方必须在具有《中华人民共和国民法典》要求的民事权利能力和民事行为能力外，还具备税收、财会、法律等专业知识，是经过资格认证后取得税务代理执业资格的注册税务师和税务师事务所。

### （二）委托事项的法定性

税务代理不是一般事项的委托，是负有法律责任的，因而法律也对其做出了专门的规定。委托的事项必须是在法律规定范围之内的，不能委托代理法律规定范围之外的事项，尤其是法律规定只能由委托方自己从事的行为或违法的行为。注册税务师不能超越代理规定的内容从事代理活动，也不能代理应由税务机关行使的行政职权。

### （三）代理服务的有偿性

一般的民事代理，可以是有偿的，也可以是无偿的，但税务代理除法律有特别规定外，一般是有偿的，否则就可能造成代理机构之间的不正当竞争，进而损害国家的税收利益。在我国，税务代理是一种既有竞争性，又带有一定垄断性的行业，税务代理人提供的是专家式的智力服务，但收取的费用必须是合理的，要符合国家的有关规定。

### （四）税收法律责任的不可转嫁性

税务代理是一项民事活动，税务代理关系的建立并不改变纳税人、扣缴义务人对其本身所固有的税收法律责任的承担。在代理活动中产生的税收法律责任，无论是来自纳税人、扣缴义务人的原因，还是来自代理人的原因，其承担者均应是纳税人或是扣缴义务人，不能因为建立了税务代理关系，而转移了纳税人、扣缴义务人的税收法律责任。但是，这并非表明注册税务师在税务代理过程中对因自己的过错导致纳税人、扣缴义务人的损失不负有任何责任，纳税人、扣缴义务人可以就税务代理人因为自己的过错造成的损失，根据民事诉讼的相关规定，提起违约或侵权之诉，要求民事赔偿。

## 二、税务代理的原则

税务代理是一项社会中介服务，税务代理人实施税务代理行为，应以纳税人、扣缴义务人自愿委托和自愿选择为前提，以国家税收法律、行政法规为依据，独立、公正地执行业务，维护国家利益，保护委托人的合法权益。我国税务代理人执业的这一基本原则，贯穿于整个税务代理活动之中。

### （一）自愿有偿原则

税务代理属于委托代理，必须依照《中华人民共和国民法典》的有关代理活动的基本原则，坚持自愿委托。代理关系的建立要符合代理双方的共同意愿。税务代理关系的产生必须以委托方和受托方自愿为前提，税务代理不是纳税的法定必经程序。税务代理当事人双方之间是一种基于平等的双向选择而形成的合同关系，而不是行政隶属关系。纳税人和扣缴义务人有委托或不委托的选择权，同时也有委托谁的选择权。如果纳税人和扣缴义务人没有自愿委托他人代理税务事宜，任何单位和个人都不能强令代理，尤其是税务机关不能强制纳税人实施税务代理，也不能以税务机关的名义为纳税人指定税务代理机构。代理人作为受托方，也有选择是否接受委托和接受谁的委托的权利，对于不愿意接受的委托，有权予以拒绝。

同时，税务代理作为一种社会中介服务，是税务代理人利用自己的专业知识为纳税人提供的服务，税务代理机构也要实行自主经营、独立核算，也要依法纳税。因而，税务代理在执行代理业务时，可以收取相应的报酬。报酬的收取应当依照国家有关规定，遵循公开、公正、公平、诚实信用、自愿有偿、委托人付费的原则。同时，由于税务代理存在业务竞争的关系，故不允许税务代理人提供无偿代理，以防止税务代理的不正当竞争。

### （二）依法代理原则

依法代理是税务代理的一项重要原则，法律、法规是开展税务代理的前提条件，首先，税务代理的税务代理人和税务代理机构必须是合法的。税务代理人必须是经全国统一考试合格，并在注册税务师管理机构注册登记的具有税务代理执业资格的注册税务师。税务代理机构必须是依照国家法律设立的税务师事务所，而且税务代理合同必须是税务师事务所统一签订，不允许注册税务师单独与委托人签订合同。其次，税务代理人在办理税务代理业务的过程中应严格按照税收法律、法规的有关规定，全面履行职责，不能超越代理权限和代理范围，对税务机关职权范围内的事务和法律、法规规定只能由纳税人、扣缴义务人自行办理的，不能进行代理，对纳税人、扣缴义务人的违法事项不得代理，并应及时报告税务机关。注册税务师制作涉税文书，须符合国家税收实体法的税收原则，依照税法规定正确计算被代理人应纳或应扣缴的税款。同时，注册税务师执业行为必须按照有关税款征收管理和税务代理的程序性法律、法规的要求进行，在代理过程中，应充分体现纳税人和扣缴义务人的合法意愿，在被代理人授权范围内开展业务。

### （三）独立、公正原则

独立、公正原则是指税务代理人在其代理权限内行使代理权，不受其他机关、社会团体和个人的非法干预。注册税务师作为独立行使自己职责的主体，其从事的具体代理活动不受税务机关控制，更不受纳税人、扣缴义务人左右，而是严格按照税法的规定，靠自己的知识和能力独立处理受托业务，帮助纳税人、扣缴义务人准确地履行纳税或扣缴义务，并维护他们的合法权益，从而使税法意志得以真正地实现。注册税务师承办代理业务，如与委托人存在某种利害关系，可能影响代理业务的公正执行，应当主动向所在税务师事务所说明情况或请求回避。

### （四）维护国家利益，保护委托人的合法权益原则

税务代理人既要维护国家的税收利益，按照国家税法规定督促纳税人、扣缴义务人依法履行纳税及扣缴义务，以促进纳税人、扣缴义务人知法、懂法、守法，实现国家的税法意志，对被代理人偷漏税、骗取减免税和退税等不法行为予以制止，并及时报告税务机关，又要维护纳税人、扣缴义务人的合法权益，帮助其正确履行纳税人义务，避免因不知法而导致不必要的处罚，还可通过税收筹划节省不必要的税收支出，减少损失，保守因代理业务而获知的秘密。

## 三、税务代理的业务范围

《税务代理试行办法》规定，税务代理人可以接受纳税人、扣缴义务人的委托从事下列范围内的业务代理：① 办理税务登记、变更登记和注销税务登记；② 办理发票领购手续；③ 办理纳税申报或者扣缴税款报告；④ 办理缴纳税款和申请退税；⑤ 制作涉税文书；⑥ 审查纳税情况；⑦ 建账建制，办理账务；⑧ 开展税务咨询，受聘税务顾问；⑨ 申请税务行政复议或税务行政诉讼；⑩ 国家税务总局规定的其他业务。

# 第六节　税收和税务会计的法律责任

## 一、纳税人的权利和义务

### （一）纳税人的权利

《税收征收管理法》及其实施细则和相关税收法律、行政法规规定，纳税人具有以下权利。

（1）知情权。有权了解国家税收法律、行政法规的规定以及与纳税程序有关的情况，包括：现行税收法律、行政法规和税收政策规定；办理税收事项的时间、方式、步骤以及需要提交的资料；应纳税额核定及其他税务行政处理决定的法律依据、事实依据和计算方法；在纳税、处罚和采取强制执行措施时发生争议或纠纷时，可以采取的法律救济途径及需要满足的条件。

（2）保密权。有权要求税务机关为纳税人保密，主要包括技术信息、经营信息和纳税人、主要投资人以及经营者不愿公开的个人事项。但根据法律规定，税收违法行为信息不属于保密范围。

（3）税收监督权。对税务机关违反税收法律、行政法规的行为，如税务人员索贿受贿、徇私舞弊、玩忽职守，不征或者少征应征税款，滥用职权多征税款或者故意刁难等，可以进行检举和控告。同时，对其他纳税人的税收违法行为也有权进行检举。

（4）纳税申报方式选择权。可以直接到办税服务厅办理纳税申报或者报送代扣代缴、代收代缴税款报告表，也可以按照规定采取邮寄、数据电文或者其他方式办理上述申报、报送事项。但采取邮寄或数据电文方式办理上述申报、报送事项的，需经主管税务机关批准。

（5）申请延期申报权。如不能按期办理纳税申报或者报送代扣代缴、代收代缴税款报告表，应当在规定的期限内向税务机关提出书面延期申请，经核准，可在核准的期限内办理，经核准延期办理申报、报送事项的，应当在税法规定的纳税期内按照上期实际缴纳的税额或者税务机关核定的税额预交税款，并在核准的期限内办理税款结算。

（6）申请延期缴纳税款权。因有特殊困难，不能按期缴纳税款的，经省、自治区、直辖市国家税务局、地方税务局批准，可以延期缴纳税款，但是最长不得超过 3 个月。计划单列市国家税务局、地方税务局可以参照省级税务机关的批准权限，审批纳税人的延期缴纳税款申请。

满足以下任何一个条件，均可以申请延期缴纳税款：一是因不可抗力，导致纳税人发生较大损失，正常生产经营活动受到较大影响的；二是当期货币资金在扣除应付职工工资、社会保险费后，不足以缴纳税款的。

（7）申请退还多缴税款权。超过应纳税额缴纳的税款，税务机关发现后，将自发现之日起 10 日内办理退还手续；如纳税人自结算缴纳税款之日起 3 年内发现的，可以向税务机关要求退还多缴的税款并加算银行同期存款利息。税务机关应自接到退还申请之日起 30 日内查实并办理退还手续，涉及从国库中退库的，依照法律、行政法规有关国库管理的规定退还。

（8）依法享受税收优惠权。可以依照法律、行政法规的规定书面申请减税、免税。减税、免税的申请须经法律、行政法规规定的减税、免税审查批准机关审批。减税、免税期满，应当自期满次日起恢复纳税。减税、免税条件发生变化的，应当自发生变化之日起 15 日内向税务机关报告;不再符合减税、免税条件的,应当依法履行纳税义务。

享受的税收优惠需要备案的，应当按照税收法律、行政法规和有关政策规定，及时办理事前或事后备案。

（9）委托税务代理权。有权就以下事项委托税务代理人代为办理：办理、变更或者注销税务登记、除增值税专用发票外的发票领购手续、纳税申报或扣缴税款报告、税款缴纳和申请退税、制作涉税文书、审查纳税情况、建账建制、办理财务或税务咨询、申请税务行政复议、提起税务行政诉讼以及国家税务总局规定的其他业务。

（10）陈述与申辩权。对税务机关做出的决定，享有陈述权、申辩权。如果有充分的证据证明自己的行为合法，税务机关就不得实施行政处罚；即使陈述或申辩不充分合理，税务机关也会解释实施行政处罚的原因。税务机关不会因申辩而加重处罚。

（11）对未出示税务检查证和税务检查通知书的拒绝检查权。税务机关派出的人员进行税务检查时，应当出示税务检查证和税务检查通知书，对未出示税务检查证和税务检查通知书的，纳税人有权拒绝检查。

（12）税收法律救济权。对税务机关做出的决定，纳税人依法享有申请行政复议、提起行政诉讼、请求国家赔偿等权利。

（13）依法要求听证的权利。税务机关做出规定金额以上罚款的行政处罚之前，会向纳税人送达《税务行政处罚事项告知书》，告知已经查明的违法事实、证据、行政处罚的法律依据和拟将给予的行政处罚。对此，企业有权要求举行听证。税务机关将应纳税人的要求组织听证。如纳税人认为税务机关指定的听证主持人与案件有直接利害关系，有权申请主持人回避。

（14）索取有关税收凭证的权利。税务机关征收税款时，必须开具完税凭证。扣缴义务人代扣、代收税款时，纳税人要求扣缴义务人开具代扣、代收税款凭证时，扣缴义务人应当开具。税务机关扣押商品、货物或者其他财产时，必须开具收据;查封商品、货物或者其他财产时，必须开具清单。

## （二）纳税人的义务

《税收征收管理法》及其实施细则和相关税收法律、行政法规规定，纳税人具有以下义务。

（1）依法进行税务登记的义务，纳税人应自领取营业执照之日起30日内，持有关证件向税务机关申报办理税务登记。税务登记主要包括领取营业执照后的设立登记、税务登记内容发生变更后的变更登记、依法申请停复业登记、依法终止纳税义务的注销登记等。在各种税务登记办理过程中，应根据税务机关的规定分别提交相关资料。同时，应按税务机关的规定使用税务登记证件。税务登记证件不得转借、涂改、损毁、买卖或者伪造。

（2）依法设置账簿、保管账簿和有关资料以及依法开具、使用、取得和保管发票的义务。纳税人应当按照有关法律、行政法规和国务院财政、税务主管部门的规定设置账簿，根据合法、有效凭证记账，进行核算；从事生产、经营的纳税人，必须按照国务院财政、税务主管部门规定的保管期限保管账簿、记账凭证、完税凭证及其他有关资料；账簿、记账凭证、完税凭证及其他有关资料不得伪造、变造或者擅自损毁。在购销商品、提供或者接受经营服务以及从事其他经营活动中，应当依法开具、使用、取得和保管发票。

（3）财务会计制度和会计核算软件备案的义务。纳税人使用的财务、会计制度或者财务、会计处理办法和会计核算软件，应当报送税务机关备案。财务、会计制度或者财务、会计处理办法与国务院或者国务院财政、税务主管部门有关税收的规定抵触的，应依照国务院或者国务院财政、税务主管部门有关税收的规定计算应纳税款、代扣代缴和代收代缴税款。

（4）按照规定安装、使用税控装置的义务。国家根据税收征收管理的需要，积极推广使用税控装置。纳税人应按照规定安装、使用税控装置，不得损毁或者擅自改动税控装置。未按规定安装、使用税控装置，或者损毁或者擅自改动税控装置的，税务机关将责令限期改正，并可根据情节轻重处以规定数额内的罚款。

（5）按时、如实申报的义务。纳税人、扣缴义务人必须依照法律、行政法规规定或者税务机关依照法律、行政法规的规定确定的申报期限、申报内容如实办理纳税申报，报送纳税申报表、财务会计报表以及税务机关根据实际需要要求报送的其他纳税资料。即使在纳税期内没有应纳税款，也应当按照规定办理纳税申报。享受减税、免税待遇的，在减税、免税期间应当按照规定办理纳税申报。

（6）按时缴纳税款的义务。应当按照法律、行政法规规定或者税务机关依照法律、行政法规的规定确定的期限，缴纳或者解缴税款。未按照规定期限缴纳税款或者未按照规定期限解缴税款的，税务机关除责令限期缴纳外，从滞纳税款之日起，按日加收滞纳税款万分之五的滞纳金。

（7）代扣、代收税款的义务。代扣代缴、代收代缴税款的单位和个人必须依法履行代扣、代收税款义务时，纳税人不得拒绝，纳税人拒绝的，应当及时报告税务机关处理。

（8）接受依法检查的义务。纳税人应主动配合税务机关按法定程序进行的税务检查，如实地向税务机关反映自己的生产经营情况和执行财务制度的情况，并按有关规定提供报表和资料，不得隐瞒和弄虚作假，不能阻挠、刁难我们的检查和监督。

（9）及时提供信息的义务。纳税人通过税务登记和纳税申报向税务机关除提供与纳税有关的信息外，还应及时提供其他信息。如有歇业、经营情况变化、遭受各种灾害等特殊情况的，应及时向税务机关说明，以便税务机关依法妥善处理。

（10）报告其他涉税信息的义务。为了保障国家税收能够及时、足额征收入库，税收法律还规定纳税人有义务向税务机关报告如下涉税信息：① 纳税人有义务就关联企业之间的业务往来，向当地税务机关提供有关的价格、费用标准等资料。有欠税情形而以财产设定抵押、质押的，应当向抵押权人、质押权人说明欠税情况。② 企业合并、分立的报告义务。有合并、分立情形的，应当向税务机关报告，并依法交清税款。合并时未交清税款的，应由合并后的纳税人继续履行未履行的纳税义务；分立时未交清税款的，分立后的纳税人对未履行的纳税义务应当承担连带责任。③ 报告全部账号的义务。从事生产、经营的纳税人，应当按照国家有关规定，持税务登记证件，在银行或者其他金融机构开立基本存款账户和其他存款账户，并自开立基本存款账户或者其他存款账户之日起 15 日内，向主管税务机关书面报告全部账号；发生变化的，应当自变化之日起 15 日内，向主管税务机关书面报告。④ 处分大额财产报告的义务。如欠缴税款数额在 5 万元以上，在处分不动产或者大额资产之前，应向税务机关报告。

## 二、税务会计法律责任

### （一）违反会计法规应当承担法律责任的行为

违反会计法规应当承担法律责任的行为包括：① 不依法设置会计账簿的行为，指违反《会计法》和国家统一会计制度规定，应当设置会计账簿的单位不设置会计账簿，或者未按规定的种类、形式及要求设置会计账簿的行为。② 私设会计账簿的行为，指不在依法设置的会计账簿上对经济业务事项进行统一登记核算，而另外私自设置会计账簿进行登记核算的行为，俗称“两本账”“账外账”“小金库”之类。③ 未按照规定填制、取得原始凭证或者填制、取得的原凭证不符合规定的行为。④ 以未经审核的会计凭证为依据登记会计账簿或者登记会计账簿不符合规定的行为。⑤ 随意变更会计处理方法的行为。⑥ 向不同的会计资料使用者提供的财务会计报告编制依据不一致的行为。⑦ 未按照规定使用会计记录文字或者记账本位币的行为。⑧ 未按照规定保管会计资料，致使会计资料毁损、灭失的行为。⑨ 未按照规定建立并实施单位内部会计监督制度，或者拒绝依法实施的监督，或者不如实提供有关会计资料及情况的行为。⑩ 任用会计人员不符合《会计法》规定的行为。根据《会计法》的有关规定，会计人员应当具备从事会计工作所需要的专业能力。担任单位会计机构负责人（会计主管人员）的，还应当具备会计师以上专业技术职务资格或者从事会计工作三年以上。设置总会计师的单位，任用总会计师应当符合国家规定。

### （二）违反会计法规行为应当承担的法律责任

违反会计法规行为应当承担的法律责任包括：① 责令限期改正，指要求违法行为人在一定期限内停止违法行为并将其违法行为恢复到合法状态。② 罚款。县级以上人民政府财政部门根据违法行为的性质、情节及危害程度，在责令限期改正的同时，可以对单位并处三千元以上五万元以下的罚款，对其直接负责的主管人员和其他直接责任人员，可以处两千元以上两万元以下的罚款。③ 行政处分。对国家工作人员违反会计法律法规的行为，视情节轻重，应由其所在单位或者其上级单位或者行政监察部门给予警告、记过、记大过、降级、降职、撤职、留用察看和开除等行政处分。④ 吊销会计从业资格证书。对违法情节严重的会计人员，由县级以上人民政府财政部门吊销其会计从业资格证书。⑤ 依法追究刑事责任。

### （三）伪造、变造会计凭证、会计账簿，编制虚假财务会计报告的法律责任

#### 1. 行为特征

伪造会计凭证的行为，是指以虚假的经济业务或者资金往来为前提，编制虚假的会计凭证的行为。变造会计凭证的行为，是指采取涂改、挖补以及其他方法改变会计凭证真实内容的行为。

#### 2. 刑事责任

伪造、变造会计凭证、会计账簿，编制虚假财务会计报告，构成犯罪的，依法追究刑事责任。相关的《中华人民共和国刑法》（以下简称《刑法》）规定有以下几条。

（1）《刑法》第二百零一条规定，纳税人采取欺骗、隐瞒手段进行虚假纳税申报或者不申报，逃避缴纳税款数额较大并且占应纳税额百分之十以上的，处三年以下有期徒刑或者拘役，并处罚金；数额巨大并且占应纳税额百分之三十以上的，处三年以上七年以下有期徒刑，并处罚金。扣缴义务人采取前款所列手段，不缴或者少缴已扣、已收税款，数额较大的，依照前款的规定处罚。对多次实施前两款行为，未经处理的，按照累计数额计算。有第一款行为，经税务机关依法下达追缴通知后，补缴应纳税款，缴纳滞纳金，已受行政处罚的，不予追究刑事责任；但是，五年内因逃避缴纳税款受过刑事处罚或者被税务机关给予二次以上行政处罚的除外。

（2）《刑法》第一百六十一条规定，公司向股东和社会公众提供虚假的或者隐瞒

重要事实的财务会计报告，严重损害股东或者其他人利益的，对其直接负责的主管人员和其他直接责任人员，处三年以下有期徒刑或者拘役，并处或者单处两万元以上二十万元以下罚金。

（3）《刑法》第二百二十九条规定，承担资产评估、验资、验证、会计、审计、法律服务等职责的中介组织的人员故意提供虚假证明文件，情节严重的，处五年以下有期徒刑或者拘役，并处罚金。上述人员，索取他人财物或者非法收受他人财物构成犯罪的，处五年以上十年以下有期徒刑或者拘役，并处罚金。

此外，如果行为人为虚报注册资本、虚假出资、抽逃出资、贪污、挪用公款、侵占企业资产、私分国有资产、私分罚没财物及其他非法目的，实施伪造、变造会计凭证、会计账簿或者编制虚假财务会计报告的行为，应当按照《刑法》的有关规定分别定罪、处罚。

3. 行政责任

伪造、变造会计凭证、会计账簿，编制虚假财务会计报告，情节较轻，社会危害不大的，根据《刑法》的有关规定，尚不构成犯罪的，应按照《会计法》第四十三条第二款的规定予以处罚。处罚具体包括：① 通报。由县级以上人民政府财政部门采取通报的方式对违法的单位或直接负责的主管人员和其他责任人员予以批评、公告：通报决定由县级以上人民政府财政部门送达被通报人，并通过一定的媒介在一定范围内公布。② 罚款。县级以上人民政府财政部门对违法行为视情节轻重，在予以通报的同时，可以对单位并处五千元以上十万元以下的罚款，对其直接负责的主管人员和其他直接责任人员，可以处三千元以上五万元以下的罚款。③ 行政处分。对上述所列违法行为直接负责的主管人员和其他直接责任人员中的国家工作人员，应当由其所在单位或者有关单位依法给予撤职直至开除的行政处分。④ 吊销会计从业资格证书。对上述所列违法行为中的会计人员，由县级以上人民政府财政部门吊销其会计从业资格证书。

### （四）隐匿或故意销毁依法应当保存的会计凭证、会计账簿、财务会计报告的法律责任

所谓隐匿，是指故意转移、隐藏依法应当保存的会计凭证、会计账簿、财务会计报告的行为。所谓故意销毁，是指故意将依法应当保存的会计凭证、会计账簿、财务会计报告予以销毁的行为。

1. 刑事责任

对于隐匿或者故意销毁依法应当保存的会计凭证、会计账簿、财务会计报告的行为，情节严重的，我国《刑法》第一百六十二条规定，处五年以下有期徒刑或者拘役，并处或者单处二万元以上二十万元以下罚金。此外，《刑法》第二百零一条也对此行为应承担的责任做出了明确的阐述。

2. 行政责任

隐匿、故意销毁依法应当保存的会计凭证、会计账簿、财务会计报告，情节较轻，社会危害不大，根据《刑法》的有关规定，尚不构成犯罪的，应当根据《会计法》的有关规定追究行政责任。主要包括以下几种：① 通报。由县级以上人民政府财政部门予以通报。② 罚款。在通报的同时，可以对单位并处五千元以上十万元以下的罚款；对其直接负责的主管人员和其他直接责任人员，可以处三千元以上五万元以下的罚款。③ 行政处分。对上述所列违法行为直接负责的主管人员和其他直接责任人员中的国家工作人员，还应当由其所在单位或者有关单位依法给予撤职直至开除的行政处分。④ 吊销会计从业资格证书。对上述所列违法行为中的会计人员，由县级以上人民政府财政部门吊销其会计从业资格证书。

### （五）授意、指使、强令会计机构、会计人员及其他人员伪造、变造会计凭证、会计账簿，编制虚假财务会计报告或者隐匿、故意销毁依法应当保存的会计凭证、会计账簿、财务会计报告的法律责任

所谓授意，是指暗示他人按其意思行事；所谓指使，是指通过明示方式指示他人按其意思行事；所谓强令，是指明知其命令是违反法律的，而强迫他人执行其命令的行为。

1．刑事责任

根据我国《刑法》的有关规定，授意、指使、强令会计机构、会计人员及其他人员伪造、变造会计凭证、会计账簿，编制虚假财务会计报告或者隐匿、故意销毁依法应当保存的会计凭证、会计账簿、财务会计报告的，应当作为伪造、变造会计凭证、会计账簿，编制虚假财务会计报告或者隐匿、故意销毁依法应当保存的会计凭证、会计账簿、财务会计报告的共同犯罪，应依照《刑法》和《会计法》的有关规定，根据行为人在共同犯罪中所起的作用，定罪处罚。

2. 行政责任

对有上述违法行为，情节较轻，社会危害不大的，根据《刑法》的有关规定，尚不构成犯罪的，应当按照《会计法》的有关规定予以处罚。① 罚款。由县级以上人民政府财政部门对违法行为人处以五千元以上五万元以下的罚款。② 行政处分。对有上述违法行为的国家工作人员，应当由其所在单位或者有关单位依法给予降级、撤职、开除的行政处分。

# 第四章　税务会计基本板块——增值税纳税筹划

## 第一节　增值税概述

### 一、增值税的纳税人和税率

增值税是对在我国境内销售货物或提供加工、修理修配劳务以及进口货物过程中实现的增值额征收的一种流转税。由于对单个企业而言，很难准确核算其增值额，因此，我国的增值税采用了按照货物或应税劳务的销售额，以及进口货物的金额计算税款，并准予抵扣前一环节已纳税款的计税办法。我国目前的增值税征税范围包括销售或者进口货物，以及提供加工、修理修配劳务两大项内容。另外，也将某些特殊项目和行为列入了增值税征税范围。具体包括：货物期货（包括商品期货和贵金属期货）；银行销售金银业务；典当业的死当物品销售业务和寄售业代委托人销售寄售物品的业务；生产集邮商品以及邮政部门集邮公司以外的单位或个人销售、调拨集邮商品的；邮政部门以外的其他单位与个人发行报刊的；将货物交付他人代销；销售代销货物；视同销售的行为；等等。

#### （一）增值税的纳税人

在我国境内所有销售或者进口货物、提供应税劳务（加工、修理修配劳务）的单位和个人都是增值税的纳税人。

由于增值税实行凭专用发票抵扣税款的制度，为配合增值税专用发票的管理和增值税应纳税额的核算，将纳税人划分为小规模纳税人和一般纳税人两类，并且两类纳税人在计税办法和征收管理等方面也有很大的不同。

1. 小规模纳税人

小规模纳税人是指年销售额在规定标准以下，并且会计核算不健全，不能按规定报送有关税务资料的增值税纳税人。所谓的会计核算不健全，是指不能准确核算增值税的销项税额、进项税额和应纳税额。

判定小规模纳税人有以下几项标准。

（1）从事货物生产或提供应税劳务的纳税人，以及以从事货物生产或提供应税劳务为主（全部年应税销售额中货物或应税劳务的销售额超过 50%），兼营货物批发或零售（全部年应税销售额中批发或零售货物的销售额不到 50%）的纳税人，年应征增值税销售额在 50 万元以下的。

（2）从事货物批发或零售的纳税人，年应税销售额在 80 万元以下的。

（3）年应税销售额超过小规模纳税人标准的个人、非企业性单位，不经常发生应税行为的企业，视同小规模纳税人。

（4）小规模纳税人会计核算健全，即能够按会计制度和税务机关的要求准确核算销项税额、进项税额和应纳税额，能够提供准确税务资料的，经主管税务机关批准，可以不视为小规模纳税人，按一般纳税人的计税办法计算纳税。

对小规模纳税人销售货物或提供应税劳务采取简易的征税办法，即根据其不含增值税的销售额和规定的征收率来计算应纳税额，不得领购使用增值税专用发票，不得抵扣进项税额；购货方从小规模纳税人处购入的、未取得合法的专用发票的货物或取得应税劳务其已纳税额也不得抵扣。

2. 一般纳税人

一般纳税人是指年应税销售额超过小规模纳税人标准的企业和企业性单位。

### （二）增值税的税率

1. 基本税率

增值税一般纳税人销售或者进口货物，提供加工、修理修配劳务，除个别低税率的货物以及销售旧货的行为之外，统一适用 13% 的基本税率。

2. 低税率

一般纳税人销售或进口下列货物，适用 9% 的低税率。

（1）粮食、食用植物油。

（2）自来水、暖气、冷气、热水、煤气、石油液化气、天然气、沼气、居民用煤炭制品。

（3）图书、报纸、杂志、音像制品和电子出版物。

（4）饲料、化肥、农药、农机（不包括农机零部件）、农膜。

（5）农业产品、盐。

（6）国务院规定的其他货物。

3. 征收率

对小规模纳税人，适用 3% 的征收率。

## 二、对特殊经营行为的税务处理

### （一）视同销售行为

单位或个体经营者的下列行为，视同销售货物。

（1）将货物交付他人代销。

（2）销售代销货物。

（3）设有两个以上机构并实行统一核算的纳税人，将货物从一个机构移送其他机构用于销售，但相关机构设在同一县（市）的除外。

（4）将自产或委托加工的货物用于非应税项目。

（5）将自产、委托加工或购买的货物作为投资，提供给其他单位或个体经营者。

（6）将自产、委托加工或购买的货物分配给股东或投资者。

（7）将自产、委托加工的货物用于集体福利或个人消费。

（8）将自产、委托加工或购买的货物无偿赠送他人。

### （二）销售旧货

销售旧货可分为以下几种情况。

#### 1. 销售自己使用过的物品

个人销售自己使用过的物品（除旧机动车、摩托车、游艇等应征消费税物品外）免征增值税。

#### 2. 纳税人销售旧货

纳税人销售旧货（包括旧货经营单位销售旧货和纳税人销售自己使用过的应税固定资产），无论其是增值税一般纳税人还是小规模纳税人，也无论其是否为批准认定的旧货调剂试点单位，一律按 4% 的征收率减半征收增值税，不得抵扣进项税额。

所称应税固定资产，是指不同时具备以下条件的固定资产。

（1）属于企业固定资产目录所列货物。

（2）企业按固定资产管理，并确已使用过。

（3）销价不超过原值。

如果纳税人销售的旧固定资产同时具备以上条件，免征增值税，否则，按 4% 的征收率减半征收。

#### 3. 纳税人销售旧机动车

纳税人销售自己使用过的属于应征消费税的机动车、摩托车、游艇，售价超过原值的，按照 4% 的征收率减半征收增值税，售价未超过原值的，免征增值税。旧机动车经营单位销售旧机动车、摩托车、游艇，按照 4% 的征收率减半征收增值税。

### （三）混合销售和兼营非应税劳务行为

1. 混合销售行为

一项销售行为既涉及货物又涉及非应税劳务（应征增值税的劳务），为混合销售行为。

从事货物的生产、批发或零售的企业、企业性单位及个体经营者（包括从事货物的生产、批发或零售为主，并兼营非应税劳务的企业、企业性单位及个体经营者）的混合销售行为，视为销售货物，应当征收增值税；其他单位和个人的混合销售行为，视为销售非应税劳务，不征收增值税。判定纳税人以从事货物的生产、批发或零售为主的具体标准是：纳税人的年货物销售额与增值税非应税劳务营业额的合计数中，年货物销售额超过 50%，增值税非应税劳务营业额不到 50%。

2. 兼营非应税劳务行为

纳税人的销售行为如果既涉及货物或应税劳务，又涉及非应税劳务，为兼营非应税劳务。

纳税人兼营非应税劳务的，应分别核算货物或应税劳务和非应税劳务的销售额。此项非应税劳务是否应当一并征收增值税，由国家税务总局所属征收机关确定。不分别核算或者不能准确核算的，其非应税劳务应与货物或应税劳务一并征收增值税。

## 三、应纳税额的计算

对增值税一般纳税人来说，其计税办法是从当期的销项税额中扣除其购进投入品已纳税款（即进项税额）。其计算公式为

应纳税额=当期销项税额−当期进项税额

因此，对增值税一般纳税人来说，其应纳税额计算涉及两个方面的问题：一是计算销项税额；二是计算进项税额。

对增值税小规模纳税人来说，其计税办法是以销售额为依据，按规定的征收率征税，不涉及进项税额的问题。其计算公式为

应纳税额=销售额×征收率

### （一）销售额的确定

无论是一般纳税人，还是小规模纳税人，其计税依据都是销售额，这是准确核算应纳税额的首要工作。

1. 销售额的一般规定

销售额为纳税人销售货物或提供应税劳务向购买方收取的全部价款和价外费用，但不包括收取的销项税额。

价外费用是指价外向购买方收取的手续费、补贴、基金、集资费、返还利润、奖励费、

违约金（延期付款利息）、包装费、包装物租金、储备费、优质费、运输装卸费、代收款项、代垫款项及其他各种性质的价外收费。但下列项目不包括在内。

（1）向购买方收取的销项税额。

（2）受托加工应征消费税的消费品所代收代缴的消费税。

（3）同时符合以下条件的代垫运费：① 承运部门的运费发票开具给购货方的；② 纳税人将该项发票转交给购货方的。

凡价外费用，无论其会计制度规定如何核算，均应并入销售额计算应纳税额。

2. 销售额确定的特殊规定

（1）折扣销售的销售额。纳税人采取折扣方式销售货物，如果销售额和折扣额在同一张发票上分别注明，可按折扣后的销售额征收增值税；如果将折扣额另开发票，或者折扣是实物折扣，则不得从销售额中减除折扣额。

（2）以旧换新的销售额。纳税人采取以旧换新方式销售货物，应按新货物的同期销售价格确定销售额，不得扣减旧货物的收购价格。对金银首饰的以旧换新的业务，可以按销售方实际收取的不含增值税的全部价款确定销售额。

（3）还本销售的销售额。纳税人采取还本销售方式销售货物的，不得从销售额中减除还本支出。

（4）以物易物。纳税人采取以物易物方式销售货物，双方都应作购销处理，以各自发出的货物核算销售额，计算销项税额;对于收到的货物所包含的进项税额能否抵扣，则要看是否符合进项税额抵扣的条件，符合条件的可以抵扣进项税额。

（5）包装物押金的销售额。纳税人为销售货物（啤酒、黄酒以外的其他酒类产品除外）而出租、出售包装物收取的押金，单独记账核算且未逾期（通常是一年）的，不并入销售额征税。但对因逾期未收回的包装物不再退还的押金，应按所包装货物的适用税率征收增值税。

## （二）进项税额

纳税人购进货物或接受应税劳务，所支付或负担的增值税额为进项税额。

1. 准予抵扣的进项税额

我国税法规定，纳税人购进货物或应税劳务时，准予抵扣的进项税额有以下几个方面。

（1）从销售方取得的增值税专用发票注明的增值税税额；从海关取得的完税凭证注明的增值税额。

（2）购进农业生产者销售的农产品或者从小规模纳税人处购买的农产品，准予按照买价和 9% 的扣除率计算准予抵扣的进项税额。其计算公式为

$$进项税额=买价\times 9\%$$

（3）外购货物（固定资产除外）以及销售货物所支付的运输费用（含运费、建设基金，

不包括装卸费、保险费等)，根据运费结算单据所列运费金额按 9% 的扣除率计算进项税额。其计算公式为

$$进项税额=运费\times 9\%$$

(4)生产企业从废旧物资回收经营单位购入的免税废旧物资，可按废旧物资回收经营单位开具的、由税务机关监制的普通发票注明的金额，按 9% 的扣除率计算抵扣进项税额。

其计算公式为

$$进项税额=普通发票金额\times 9\%$$

2. 不得抵扣的进项税额

(1)纳税人购进货物或应税劳务，未按照规定取得并保存增值税扣税凭证，或增值税扣税凭证上未按照规定注明增值税额及其他有关事项的，其进项税额不得从销项税额中抵扣。

(2)购入固定资产的进项税额不得抵扣；但自 2009 年 1 月 1 日起，企业新购进设备(小汽车、摩托车、游艇除外)所包含的进项税额可以抵扣。

(3)用于非应税项目、免税项目、集体福利或个人消费的购进货物或应税劳务的进项税额，不得抵扣。

(4)非正常损失的购进货物、非正常损失的在产品、产成品所耗用的购进货物或应税劳务的进项税额不得抵扣。

3. 进项税额抵扣时间的限定

(1)防伪税控专用发票进项税额抵扣的时间限定。增值税一般纳税人取得的防伪税控专用发票应自开票之日起九十天内认证，认证通过者方可抵扣；认证通过的，必须在认证通过的当月抵扣，否则不予抵扣。

(2)海关完税凭证进项税额抵扣的时间限定。增值税一般纳税人取得的海关完税凭证，应当在海关完税凭证开具之日起九十天后的第一个纳税申报期结束以前向主管税务机关申报抵扣，逾期不得抵扣进项税额。

(3)购进废旧物资进项税额抵扣的时间限定。增值税一般纳税人取得的废旧物资发票，应当在开具之日起九十天后的第一个纳税申报期结束以前向主管税务机关申报抵扣，逾期不得抵扣进项税额。

## 四、出口货物退(免)税

为了鼓励我国产品出口，使我国商品以不含税价格参与国际竞争，我国对出口货物采取了退税与免税的制度。所谓出口退税，是指对货物在出口前实际承担的税收负担，按规定的退税率计算后予以退还。所谓出口免税，是指对货物在出口环节所应负担的增值税、消费税予以免征。我国目前的出口退(免)税的基本政策有以下三种。

1. 出口免税并退税

下列企业中，除另有规定外，给予免税并退税。

（1）生产企业自营出口或委托外贸企业代理出口的自产货物。

（2）有出口经营权的外贸企业收购后直接出口或委托其他外贸企业代理出口的货物。

（3）特定企业的出口货物。

2. 出口免税但不退税

下列企业中，除另有规定外，给予免税，但不退税。

（1）属于生产企业的小规模纳税人自营出口或委托外贸企业代理出口的自产货物。

（2）外贸企业从小规模纳税人购进并持普通发票的货物出口，免税但不予退税。但对12类出口货物考虑其占出口比重较大及其生产、采购的特殊因素，特准退税。

（3）外贸企业直接购进国家规定的免税货物（包括免税农产品）出口的，免税但不予退税。

（4）对来料加工复出口的货物，列入免税项目的有避孕药品和用具、古旧图书、农业生产者出口免税农产品、国家计划内出口的卷烟、军品等。

3. 出口既不免税也不退税

对出口的原油、援外出口货物以及国家禁止出口的货物，采取既不免税也不退税的政策。

## 五、纳税义务发生时间和纳税地点

### （一）纳税义务发生时间

销售货物或应税劳务，为收讫销售款或取得索取销售款凭据的当天。按销售结算方式的不同，具体如下。

（1）采取直接收款方式销售货物，无论货物是否发出，均为收到销售额或取得索取销售额凭据并将提货单交给买方的当天。

（2）采取托收承付和委托银行收款方式销售货物，为发出货物并办妥托收手续的当天。

（3）采取赊销和分期收款方式销售货物，为合同约定的收款日期的当天。

（4）采取预收货款方式销售货物，为货物发出的当天。

（5）委托其他纳税人代销货物，为收到代销单位的代销清单的当天。但若发出代销货物超过一百八十天仍然未收到代销清单的，为满一百八十天的当天。

（6）提供应税劳务，为提供劳务同时收讫销售额或取得索取销售额的凭据的当天。

（7）除委托代销和销售代销货物以外的视同销售货物行为，为货物移送的当天。

（8）进口货物，为货物报关进口的当天。

### （二）纳税地点

（1）固定业户应当向其机构所在地主管税务机关申报纳税。

总机构和分支机构不在同一县（市）的，应当分别向各自所在地主管税务机关申报纳税；经国家税务总局或其授权的税务机关批准，可以由总机构汇总向总机构所在地主管税务机关申报纳税。

（2）固定业户到外县（市）销售货物的，应当向其机构所在地主管税务机关申请开具外出经营活动税收管理证明，向其机构所在地主管税务机关申报纳税。

未持有其机构所在地主管税务机关核发的外出经营活动税收管理证明的，应当向销售地主管税务机关申报纳税；未向销售地主管税务机关申报纳税的，由其机构所在地或居住地主管税务机关补征税款。

（3）非固定业户销售货物或者应税劳务，应当向销售地主管税务机关申报纳税。

非固定业户销售货物或者应税劳务，应当向销售地主管税务机关申报纳税。非固定业户到外县（市）销售货物或者应税劳务，未向销售地主管税务机关申报纳税的，由其机构所在地或者居住地主管税务机关补征税款。

（4）进口货物，应当由进口人或其代理人向报关地海关申报纳税。

## 六、增值税专用发票的使用和管理

增值税专用发票是销货方销项税额的重要凭证，也是购货方抵扣进项税额的主要依据。

### （一）专用发票的领购

增值税专用发票只限于增值税的一般纳税人领购使用，增值税的小规模纳税人和非增值税纳税人不得领购使用。

一般纳税人有下列情形之一者，不得领购使用专用发票。

（1）会计核算不健全，即不能按会计制度和税务机关的要求准确核算增值税的销项税额、进项税额和应纳税额者。

（2）不能向税务机关准确提供增值税销项税额、进项税额、应纳税额数据及其他有关增值税税务资料者。

（3）有下列违反专用发票管理规定的行为，经税务机关责令限期改正而仍未改正者。

①私自印制专用发票。

②向个人或税务机关以外的单位买取专用发票。

③借用他人专用发票。

④向他人提供专用发票。

⑤未按规定的要求开具专用发票。

⑥ 未按规定保管专用发票。

⑦ 未按规定申报专用发票的购、用、存情况。

⑧ 未按规定接受税务机关检查。

（4）销售的货物全部属于免税项目者。

### （二）专用发票的开具

一般纳税人销售货物（包括视同销售货物）、应税劳务，根据增值税细则规定应当征收增值税的非应税劳务，必须向购买方开具专用发票。

向小规模纳税人销售应税项目，可以不开具专用发票。

小规模纳税人需要对外开具增值税专用发票的，可向主管税务机关申请，经核准后由税务机关按照征收率代开。

增值税专用发票的开具必须符合规定的要求，对于开具的专用发票有不符合上述要求者，不得作为扣税凭证，购买方有权拒收。

专用发票的开具时限为与纳税义务发生时间必须一致，纳税人必须按规定时限开具专用发票，不得提前或滞后。

### （三）专用发票的抵扣与保管

一般纳税人除购进免税农业产品和自营进口货物外，在购进应税项目时，如果未按规定取得、保管专用发票，从销售方取得的专用发票不符合开具要求，不得抵扣进项税额；其购进应税项目的进项税额已经抵扣，应从税务机关发现其有上述情形的当期的进项税额中扣减。

未按规定取得专用发票，是指未从销售方取得专用发票，或只取得记账联，或只取得抵扣联。

未按规定保管专用发票，是指未按税务机关的要求建立专用发票管理制度、设专人保管专用发票、设置专门存放专用发票的场所，税款抵扣联未按税务机关的要求装订成册，未经税务机关查验擅自销毁专用发票的基本联次，丢失、损（撕）毁专用发票，未执行国家税务总局或其直属分局提出的其他有关保管专用发票的要求。

## 第二节　增值税的筹划

增值税是我国现行税制的主体税种之一，而且只要从事生产经营并且有增值额，就需要缴纳增值税，因此，对增值税进行筹划有重要的现实意义。

## 一、增值税的特点和筹划思路

### （一）增值税的特点

我国现行的增值税有以下特点。

1. 实行普遍、多环节征收

除销售不动产外，在生产环节和流通环节普遍征收，并且还把加工、修理修配劳务纳入征税范围。

从生产到流通的每一环节，只要有增值额就要纳税，因此，对增值税的筹划涉及生产到流通的各个环节。

2. 价内税和价外税并存

在货物没有进入最终消费之前的环节，采用价外税办法，销售额不含增值税金，在增值税专用发票上分别注明销售额和增值税税额；而在零售环节出售商品或提供应税劳务时，则采用价内税的办法。

3. 税率档次少，计征简便

一般纳税人的基本税率为 13%，低税率为 9%，对出口货物实行零税率。

对小规模纳税人采用 3% 的征收率。

### （二）增值税的筹划思路

对增值税的筹划，主要结合增值税的特点，围绕影响增值税应纳税额的相关要素来进行筹划，具体思路包括选择合理的纳税人身份、充分享受增值税的优惠、选择合理的出口方式以及加强增值税专用发票的管理等。

## 二、纳税人身份的选择

纳税人身份的选择主要是利用增值税法以及与之相关的其他税法的有关规定，选择合适的纳税人身份，进而按照各自的身份缴纳不同的税收，或者按照不同的计征方法来缴纳增值税。

### （一）一般纳税人和小规模纳税人身份的选择

由于一般纳税人和小规模纳税人在税收待遇方面是不一致的，并且税法的相关规定也为纳税人的身份选择提供了可能性，因此，也为纳税人选择税收身份进行纳税筹划提供了可能性。通过不同身份下的税收负担水平的测算，可以为企业选择合理的纳税人身份提供依据。

1. 增值率判断法

这一方法主要是利用应纳税额计算中的销项税额来作为选择纳税人身份选择的

依据。

（1）对适用 13% 税率的一般纳税人来说，

应纳税额 = 当期销项税额 – 当期进项税额

= 不含税销售额 ×13% – 可抵扣进项税额的购入品金额 ×13%

如果定义增值税 = 不含税销售额 – 可抵扣进项税额的购入品金额 / 不含税销售额

则上式可以变换为

= 不含税销售额 × 13% – 不含税销售额 ×（1– 增值率）× 13%

= 不含税销售额 ×13% × 增值率

（2）对小规模纳税人

应纳税额=不含税销售额 × 3%

当两种不同身份的纳税人的应纳税额相等时，则可以得到

不含税销售额 × 13% × 增值率=销售收入 × 3%

由此可以得到无差别平衡点的增值率：

增值率= 3%/17.65%

这就意味着，如果增值率等于 17.65% 时，两种身份的纳税人的税收负担是一样的，在这种情况下，纳税人的身份不会对税收负担产生影响；但如果增值率低于 17.65%，那么，上式的右边会大于左边，在这种情况下，小规模纳税人的税负重于一般纳税人；如果增值率高于 17.65%，则上式的左边会大于右边，一般纳税人税负重于小规模纳税人。

同理，可以求得一般纳税人的税率为 9% 时的增值率。 无差别平衡点的增值率如表 4-1 所示。

表 4–1　无差别平衡点的增值率

| 一般纳税人税率 | 小规模纳税人征收率 | 无差别平衡点增值率 |
|---|---|---|
| 13% | 3% | 17.65% |
| 9% | 3% | 23.08% |

【例 4–1】某电子产品厂年不含税销售额为 500 万元，会计核算制度比较健全，符合作为一般纳税人的条件，也被认定为增值税一般纳税人，适用 13% 增值税税率，由于该厂的产品有自己的专利技术，因此，增值率较高，大约为 40%，同时，由于其可抵扣进项税额的购入品金额较小，大约占不含税销售额的 60%。该厂应怎样进行纳税人身份的增值税筹划？

方法一：采用增值率判断法。

由于增值率为 40%，大于无差别平衡点的增值率（17.65%），因此，应选择做小规模纳税人比较有利。

方法二：可抵扣进项税额的购入品金额比率判断法。

可抵扣进项税额的购入品金额与不含税销售额的比率较高（60%），低于临界点的这一比率（82.35%），因此，应选择做小规模纳税人比较有利。

在这个例 4–1 中，虽然选择做小规模纳税人对企业比较有利，但由于以下两个方面的原因，却使得该企业难以在两种身份中间做出选择。

第一，由于该企业已经被认定为一般纳税人，因此，其不可能再次转为小规模纳税人。

第二，企业可以通过分立的方式来达到小规模纳税人的要求，但这样无疑会增加企业经营管理的难度，相应会增加企业的经营成本。

此外，在选择纳税人身份时，还要考虑企业产品的销售对象：如果产品的销售对象是一般纳税人，则应尽可能也选择做一般纳税人，因为对方客户大多会要求开具增值税专用发票，小规模纳税人虽然可以去税务机关代开专用发票，但无疑也会增加企业的交易成本。

因此，企业通过综合考虑，最终还是选择做一般纳税人，而没有转换纳税人的身份。

## （二）增值税纳税人

增值税法对兼营行为和混合销售行为规定了不同的税务处理方式，这也为选择缴纳增值税还是缴纳增值税，即选择做增值税的纳税人还是增值税的纳税人提供了筹划的空间。

由于增值税的征收方式与小规模纳税人的征收方式类似，因此，前面用于选择一般纳税人和小规模纳税人身份的判断方法也可以用于判断不同身份的纳税人负担。

### 1. 兼营非应税劳务的行为

按税法规定，纳税人应分别核算货物或应税劳务和非应税劳务的销售额，分别缴纳增值税和增值税；对于未分别核算销售额的，则一并征收增值税。这就为纳税人是选择缴纳增值税还是分别缴纳增值税和增值税提供了筹划的空间。一般情况下，由于增值税的税率主要是 3% 和 5% 两档，而且提供非应税劳务时允许抵扣进项的购入金额一般较小，因此，作为一般纳税人应选择分别核算货物或应税劳务和非应税劳务的销售额并分别纳税对纳税人有利。

如果增值税的纳税人是小规模纳税人，则需要计算增值税的税收负担和增值税的税收负担，而不能简单地根据征收率和增值税税率的比较来决定缴纳何种税有利，原因在于增值税是不含税价，而增值税是含税价。

【例 4–2】某建筑材料公司除销售建筑材料外，还提供装饰、装修劳务。某月购进装饰材料 200 万元，当月销售装饰材料取得收入 400 万元；为客户提供装修服务取得工程款 58.5 万元。上述购入材料均符合进项税额的抵扣要求，并于当月认证了取得的增值税专用发票。

方案一：未分别核算。

应纳增值税 =[400+58.5 ÷ (1+17%)] × 17%−200 × 17%=42.5( 万元 )

方案二：分别核算。

应纳增值税 =400 × 17%−200 × 17%=34( 万元 )

应纳增值税 =58.5 × 3%=1.755( 万元 )

应纳税总额 =34+1.755=35.755( 万元 )

分别核算可为企业节税 6.745 万元。

**2. 混合销售行为**

根据税法规定，从事货物的生产、批发或零售的企业、企业性单位及个体经营者，以及以从事货物的生产、批发或零售为主，并兼营非应税劳务的企业、企业性单位及个体经营者的混合销售行为，视为销售货物，应当征收增值税。对其判断是依据

货物的销售额/（货物的销售额+非应税劳务的营业额）

如果这一比例超过 50%，则认定该纳税人是从事货物的生产、批发或零售为主，应交增值税；如果这一比例没有超过 50%，则缴纳增值税。因此，纳税人可以根据自己的实际情况，有意识地控制货物的销售额和非应税劳务的营业额以达到减轻税负的目的。在选择时，可以考虑采用无差别平衡点的增值率和可抵扣进项税额的购入品金额比率判断法。

对于一般纳税人来说，

应纳增值税额=当期销项税额−当期进项税额

=不含税销售额 × 增值税税率−可抵扣进项税额的购入品金额 × 增值税税率

如果定义增值率=不含税销售额−可抵扣进项税额的购入品金额/不含税销售额

则上式可以变换为

= 不含税销售额 × 增值税税率 − 不含税销售额 ×(1− 增值率 )× 增值税税率

= 不含税销售额 × 增值税税率 × 增值率

如果缴纳增值税，则

应纳增值税额=不含税（增值税）销售额 × 增值税税率

在两者相等时，可求得

增值率=增值税税率/税率

## 三、购销业务的增值税筹划

在购销业务中，主要涉及购货对象的选择、运费的处理、包装物押金的处理以及销售过程中的增值税问题等方面。

### （一）购货对象的选择

我国税法对一般纳税人和小规模纳税人采用不同的税率来课征增值税，从而使得企业在购买原材料时面临着不同的进项税额，也影响着企业的增值税税负水平。一般情况下，一般纳税人从小规模纳税人处购买货物，其增值税负担相对会比较重，因为所购入的商品所含的增值税不能抵扣，但实际情况并不一定是这样。

如果能够以相对较低的价格从小规模纳税人处采购同样质量的原材料，企业反而可以获得相对较多的税后现金净流量。这实际上也为一些中小型企业指出了一条生存之路：合理定价。对经营规模小、资金不是很雄厚的小规模纳税人来说，如果能够适当降低商品的价格，那么，在市场竞争中并不一定处于劣势。

那么，对小规模纳税人来说，价格下降多少就可以与一般纳税人在价格方面处于同等的竞争条件呢？我们可以用现金流量来分析。

设任意一个增值税一般纳税人，当某货物的含税销售额为 $y$ 适用 13% 税率时，该货物的采购情况分别为索取 13%、3% 专用发票和不索取专用发票。含税购进额分别为 $M$、$X_2$、$X_3$，城市维护建设税和教育费附加两项按 10% 计算，企业所得税税率为 25%；三种情况的采购费用、供货质量都相同。

### （二）运费的处理

在我国目前的税制下，运输业没有纳入增值税的征税范围，但由于运输是企业从事生产经营活动的必要环节，因此，税法规定，对企业所取得的符合抵扣条件的运输发票，可以按运输发票金额的 7% 计算进项税额予以抵扣。

因此，如果企业是委托第三方来运输，则要重点关注以下两个问题。

第一，代垫运费问题。按照税法规定，同时符合以下条件的代垫运费：① 承运部门的运费发票开具给购货方的；② 纳税人将该项发票转交给购货方的，可以不计入货物的销售额，否则，就要作为价外费用来处理，缴纳增值税，因此，在代垫运费时一定要按照这两个条件来处理。

第二，由于企业购销货物取得的运输发票也必须符合规定才能抵扣进项税额，因此，企业必须重视对相关业务人员和财务人员的培训，至少能够引起销售人员和采购人员的重视，以使其在相关业务处理中能够及时取得符合规定的运输发票。

另外，从现实的情况看，也有一部分企业会选择用自己的交通工具来运输，在这种情况下，一般有两种方案：一种是将交通工具作为公司的固定资产，产品的价格中包含着运输费用。这属于增值税的混合销售行为，应当缴纳增值税，相应的交通工具的零配件、燃料及修理费用可以抵扣进项税额。另一种是公司成立独立核算的运输公司，由运输公司负责承运并收取运费。运输公司的收入应按“交通运输业”税目缴纳 3% 的增值税。在这种情况下，交通工具的零配件、燃料及修理费用不能抵扣进项税额。

两个方案的税收负担对不同的企业通常是不同的，企业需要结合企业的实际情况，把税收问题作为参考因素之一，选择最有利的方案。

### （三）包装物押金的处理

对包装物的押金，主要涉及两个关键点：第一，是否逾期；第二，是否单独记账。因此，对包装物押金的处理也要围绕这两个关键点进行筹划。

一般情况下，对包装物押金都会单独记账核算，因此，筹划的重点就落到对逾期的控制上，这需要企业能够进行合理、恰当的会计处理，以免包装物押金逾期。在实务中，一般可以采取这样的方式：到年末把收取的尚未逾期的包装物押金退还给购货方，在第二年再重新收取押金，最终目的是保证所收取的包装物押金的期限总是不超过一年，从而使包装物押金不必计入销售额，也就无须缴纳增值税。

### （四）销售过程中的增值税

销售过程中的增值税问题，主要涉及销售方式的选择和销售结算方式的选择。

#### 1. 销售方式的选择

增值税法做出规定的销售方式主要包括销售折扣、销售折让、折扣销售、以旧换新、还本销售、以物易物和返利。在不同的销售方式下，税法的具体规定也是不同的，税务处理办法也是不同的。

#### 2. 销售结算方式的选择

按照会计制度和税法的相关规定，销售结算的主要方式包括委托代销、分期收款销售和直接收款销售结算三种方式。如果不考虑资金的时间价值，那么，这三种结算方式之间并没有本质的区别，都表现为货物所有权的转移和货款的收取。但在现实的经济活动中，资金是有时间价值的，因此，从纳税筹划的角度来看，要合理、合法地降低企业的税收负担，就需要考虑资金的时间价值，就需要在不同的结算方式中做出选择，因为不同的结算方式意味着应税收入的确认时间不同，纳税人缴纳税款的时间也不同，意味着通过合理的安排，企业不但可以降低财务风险，而且还可以获取资金的时间价值。

## 四、增值税优惠政策的利用

在增值税法中，规定了很多的优惠政策，这些政策可以归纳为：减免税政策，包括免税、减税、暂不征或暂免征政策；先征后返政策，主要包括即征即退、先征后退和先征后返政策；对部分特殊部门的优惠政策以及起征点政策。

企业应该仔细研究并熟练运用这些政策，结合本企业的实际情况，利用各种合法手段减轻自己的税负。

【例 4-3】某工业企业销售自己使用过的机器设备一台，原值 20 万元，已提折旧 5

万元，假定在销售过程中发生相关非税费用 1 万元（不考虑其他税费）。

方案一：按原值出售该设备。

根据增值税法的规定不需缴纳增值税，则出售该项固定资产的净收益为

$$20-15-1=4（万元）$$

方案二：以 20.1 万元的价格出售。

由于销售价格超过原值，因此，应按 4% 的征收率减半征收增值税，则应缴纳增值税

$$20.1 \div (1+4\%) \times 4\% \times 50\%=0.387（万元）$$

出售该设备的净收益为

$$20.1-15-1-0.387=3.713（万元）$$

方案三：以 19.5 万元出售。

按规定不需缴纳增值税，净收益为

$$19.5-15-1=3.5（万元）$$

从上面的计算可以看出，销售自己使用过的旧固定资产时，销售价格等于原值时，净收益很大；当销售价格高于原值时，净收益未必最大。

那么，在销售价格可以高于原值时，应该最低确定为多少对企业才有利？这可以通过无差别平衡点来判断（记超过原值时的销售价格为 $P$）：

$$P-15-i-P \div (1+4\%) \times 4\% \times 50\%=20-15-1$$

求得 $P$=20.392（万元）

也就是说，如果要以高于原值的价格出售，则该价格最低为 20.392 万元，只有这样，净收益才会比以原值出售多。因此，企业在实际经营过程中，除根据市场条件确定固定资产的价格外，还应考虑税收的调节作用，合理确定自己使用过的旧货的价格，以获取更多的收益。

## 第三节　增值税的会计处理

### 一、增值税核算的账户设置

增值税纳税人划分为一般纳税人和小规模纳税人，一般纳税人采取规范的核算办法，而小规模纳税人则采取简易核算办法，所以，两者在账户设置和会计核算上亦有所不同。

## （一）一般纳税人的账户设置

一般纳税企业应交的增值税，在“应交税费”账户下设置“应交增值税”和“未交增值税”两个明细账户进行核算。

1.“应交增值税”明细账户

“应交增值税”明细账户的借方发生额，反映企业购进货物或接受应税劳务支付的进项税额、实际已缴纳的增值税额和月终转出的当月应交未交的增值税额；贷方发生额，反映企业销售货物或提供应税劳务收取的销项税额、出口企业收到的出口退税以及进项税额转出数和转出多交增值税；期末借方余额，反映企业尚未抵扣的增值税。

2.“未缴增值税”明细账户

为了反映一般纳税企业上交增值税款的情况，企业应在“应交税费”账户下设置“未缴增值税”明细账户，核算企业月终时转入的应交未交增值税额，或转入多交的增值税额。借方登记月末从“应交税费——应交增值税（转出多交增值税）”专栏转入的当月多交增值税额和当月上交以前月份应交而未交的增值税额，贷方登记月末从“应交税费——应交增值税（转出未交增值税）”专栏转入的当月应交而未交的增值税税额。期末借方余额反映多交的增值税，贷方余额反映未交的增值税。

在上述会计核算方法下，月份终了，企业应将当月发生的应交未交增值税额自“应交税费——应交增值税”账户转入“未交增值税”明细账户，借记“应交税费——未交增值税（转出未交增值税）”账户，贷记“应交税费——未交增值税”账户。将本月多交的增值税自“应交税费——应交增值税（转出多交增值税）”账户转入“未交增值税”明细账户，借记“应交税费——未交增值税”账户，贷记“应交税费——应交增值税（转出多交增值税）”账户。应当指出，企业当月上交本月应交的增值税时，仍应借记“应交税费——应交增值税（已交税金）”账户，贷记“银行存款”账户。当月上交上月应交未交的增值税，借记“应交税费——未交增值税”账户，贷记“银行存款”账户。

经过以上的会计核算，“应交税费——应交增值税”明细账户期末若有余额，必在借方，反映尚未抵扣的增值税额。

## （二）小规模纳税人的账户设置

小规模纳税企业，其销售收入的核算与一般纳税企业相同，也不含增值税应纳税额，其应纳增值税额也要通过“应交税费——应交增值税”明细账户核算，只是小规模纳税人不得抵扣进项税额，不需要在“应交税费——应交增值税”账户的借方、贷方设置若干专栏。小规模纳税人“应交税费——应交增值税”账户的借方发生额，反映已交的增值税额，贷方发生额，反映应交的增值税额；期末借方余额，反映多缴的增值税额；期末贷方余额，反映尚未缴纳的增值税额。

## 二、一般纳税人的会计处理

企业关于增值税进项税额的核算，主要是纳税人外购货物或接受应税劳务而发生支付增值税的业务，根据《中华人民共和国增值税暂行条例》及有关规定，应区别不同情况作相应的会计处理。

### 1. 国内购进货物进项税额的会计处理

一般纳税人在国内购入生产经营用材料，以取得的增值税专用发票上注明的增值税为进项税额。购进材料所支付的运输费用，准予根据运费结算单据（普通发票）所列金额的 9% 的扣除率计算抵扣进项税额，但随同运费支付的装卸费、保险费等其他杂费不得计算扣除进项税额。

根据运费结算单据计算抵扣进项税额时应注意下列问题。

（1）准予作为抵扣凭证的运费结算单据（普通发票），是指国有铁路、民用航空、公路和水上运输单位开具的货票，以及从事货物运输的非国有运输单位开具的套印全国统一发票监制章的货票。从 2003 年 11 月 1 日起，提供货物运输劳务的纳税人必须经主管地方税务局认定方可开具货物运输业发票。凡未经地方税务局认定的纳税人开具的货物运输发票，不得作为记账凭证和增值税抵扣凭证。

（2）准予结算抵扣进项税额的货物运费金额，是指在运输单位开具的货票上注明的运费和建设基金。随同运费支付的装卸费、保险费等其他杂费不得计算扣除进项税额。

（3）抵扣率为 9%。进项税的计算公式为

$$进项税额=运费和建设基金\times扣除率$$

### 2. 购进免税农产品进项税额的会计处理

一般纳税人购进免税农产品，或者向小规模纳税人购买的农产品，在会计处理上，按买价扣除进项税额后的数额，借记“原材料”“库存商品”等账户；按计算准予抵扣的进项税额，借记“应交税费——应交增值税（进项税额）”账户；按应付或实际支付的价款，贷记“银行存款”“应付账款”等账户。

### 3. 收购废旧物资进项税额的会计处理

一般纳税人购入废旧物资回收经营单位销售的废旧物资，在会计处理上，按收购金额扣除按规定计算的进项税额后的数额，借记“原材料”等账户；按规定计算的进项税额的金额，借记“应交税费——应交增值税（进项税额）”账户；按应付或实际支付的价款，贷记“应付账款”“银行存款”等账户。

### 4. 支付水电费进项税额的会计处理

一般纳税人支付水费、电费，应根据其用途计算抵扣进项税额。但用于非应税项目、免税项目、集体和个人消费的水电，不得计算抵扣其进项税额。

企业支付水电费时，根据自来水公司和供电部门开具的增值税专用发票和银行付款单等，作会计处理如下：

借：生产成本——辅助生产成本

应交税费——应交增值税（进项税额）

贷：银行存款等

月末，企业分配辅助生产费用时，应将用于非应税项目、免税项目、集体福利和个人消费的水电所应承担的进项税额，作为进项税额转出处理。

5. 进货退回或折让进项税额的会计处理

企业购进货物发生退货时，购货方应区别下列两种不同情况进行具体处理。

（1）购货方未付货款，也未作账务处理。这种情况下，购货方只需将发票联和抵扣联退还给销货方即可，既然购货方进货后还未作账务处理，退货时也无须进行账务处理。如果是部分退货，将发票联和抵扣联退还给销货方后，由销货方按实际数量重新开具增值税专用发票，购货方也不用对退货进行账务处理，只按实购数量、金额进行正常的购货账务处理即可。

（2）购货方已付货款，或者货款未付但已作账务处理。这种情况下，发票联及抵扣联无法退还，购货方必须取得当地主管税务机关开具的"进货退回及索取折让证明单"送交销货方，作为销货方开具红字增值税专用发票的合法依据。购货方根据销货方转来的红字发票联、抵扣联，借记"应收账款"或"银行存款"账户，贷记"应交税费——应交增值税（进项税额）"（实际登账时，应以红字记入借方）、"材料采购"等账户。

6. 接受应税劳务的进项税额的会计处理

企业接受加工、修理修配劳务，按照增值税专用发票上注明的增值税税额，借记"应交税费——应交增值税（进项税额）"账户，按照增值税专用发票上注明的加工、修理修配费用，借记"委托加工物资""其他业务成本""制造费用""管理费用"等账户，按应付或实际支付的金额，贷记"银行存款""应付账款"等账户。

值得注意的是，对于接受应税劳务，确认准予抵扣的进项税额必须满足以下条件：一是必须用于应税项目的生产经营。如果用于非应税项目、免税项目、集体福利和个人消费，则不得抵扣进项税额。二是必须取得增值税的法定扣税凭证，即支付加工费时，必须取得受托加工单位开具的增值税专用发票，否则，不得抵扣进项税额；支付运费时，必须取得运输部门开具给本单位的运输发票。如果没有取得增值税专用发票，或者以自备运输工具自行运送，或者非运输部门运送的，则不得计算抵扣进项税额。

# 第五章　税务会计基本板块——消费税纳税筹划

## 第一节　消费税纳税人的纳税筹划

消费税是1994年税制改革中新设置的一种流转税，是价内税，它与增值税相互配合，在对货物普遍征收增值税的基础上再选择少数国家限制消费的商品征收一道消费税，以便发挥其特殊调节的功能，形成一种双层调节。

### 一、消费税的特点

消费税是以应税消费品为课税对象的一种税，在应税产品的选择、税率的设计等方面，与其他流转税相比具有以下特点。

（1）征税范围小。消费税的课税范围具有一定的选择性，具体调节范围主要包括：特殊消费品、奢侈品、高能耗产品、不可再生的稀缺资源消费品；一些税基宽广、消费普遍、征收消费税不会影响人民生活水平，具有一定财政意义的普通消费品。目前我国消费税管理条例规定，仅对15种消费品征税。

（2）多数应税消费品征税环节具有单一性。我国消费税主要实行单一环节课征制度，除金银首饰在零售环节征税，卷烟在生产环节和批发环节分别征收消费税外，其余均在生产、委托加工或进口环节征税。其征税环节具有较大的隐蔽性，容易被消费者所接受，可减少消费税对社会的影响。同时，为了避免重复征税，在应税消费品脱离生产环节进入流通领域后，一般就不再征收，具有征收环节比较单一的特点。

（3）税负差别大。目前，我国各种消费税的税率从3%～56%不等。国家为了达到必要的调控力度，消费税的税负水平一般较高，最高的税率是甲类卷烟，其税率达到56%外加0.003元/支的定额税率。从实际执行效果看，消费税税收负担不仅足以引导居民的消费行为；而且由于消费税是价内税，还关系企业经营状况的好坏和利润水平的高低。因此，企业有必要进行消费税纳税筹划，进行合理避税，促使企业利润和税后利润最大化，减少现金流出数量，以便提升企业价值。

（4）没有减免税消费税选择征收的消费品一般为需求弹性较大的非生活必需品，

是大有相应消费能力的消费者负担的一种税，不需要通过减免税来满足不合理的消费需求，为了公正税负，确保国家财政收入，充分发挥消费税调节社会特殊消费的作用，除出口的应税消费品外，其余应税消费品一律不得减税免税。

（5）税负具有转嫁性。消费税是世界各国普遍采用的一个税种，不仅是国家组织财政收入的重要手段，还具有独特的调节功能，在体现国家奖励政策、引导消费方向、调节市场供求、缓解社会成员之间分配不均等方面发挥着越来越重要的作用。

## 二、消费税纳税人的法律规定

根据《中华人民共和国消费税暂行条例》规定：在中华人民共和国境内生产、委托加工和进口本条例规定的消费品的单位和个人，以及国务院确定的销售本条例规定的消费品的其他单位和个人，为消费税的纳税人，应当依照本条例缴纳消费税。“单位”是指国有企业、集体企业、私有企业、股份制企业、其他企业和行政单位、事业单位、军事单位、社会团体及其他单位。“个人”是指个体经营者及其他个人。

（1）纳税人兼营不同税率的应当缴纳消费税的消费品（以下简称应税消费品），应当分别核算不同税率应税消费品的销售额、销售数量；未分别核算销售额、销售数量，或者将不同税率的应税消费品组成成套消费品销售的，从高适用税率。

（2）纳税人生产的应税消费品，于纳税人销售时纳税。纳税人自产自用的应税消费品，用于连续生产应税消费品的，不纳税；用于其他方面的，于移送使用时纳税。

（3）委托加工的应税消费品，除受托方为个人外，由受托方在向委托方交货时代收代缴税款。委托加工的应税消费品，委托方用于连续生产应税消费品的，所纳税款准予按规定抵扣。

（4）进口的应税消费品，于报关进口时纳税。

## 三、消费税纳税筹划应注意的问题

目前，我国许多企业虽然已有效实施了税务筹划并取得了一定的成效，但依然存在许多不足和违规之处。要搞好税务筹划，实现税后收益最大化，在实践中需注意以下几个问题。

（1）筹划时应把握好“度”。不应把税务筹划演变为避税、逃税。避税虽然不违法，但却违背了国家立法意图和道德，钻了法律的空子。逃税则明显违反了税收法律规定，是国家不允许的。税收筹划的目的是节税，使企业承担较小的纳税成本，必须在税收法律、制度规定的范围内进行。

（2）必须在规定的期限及地点纳税。税法规定了消费税的纳税期限及纳税地点，企业必须认真履行纳税义务，在规定期限内和规定地点及时足额缴纳税款，否则就要接受加收滞纳金和罚款等惩罚，甚至应税消费品还有可能被保全和强制执行，这样就大大增加了企业的税收负担，增大了企业的财务风险，对企业经营极为不利。

（3）进行项目投资前，应与税务部门接触交流，争取各项优惠政策支持。

### 四、消费税纳税人的纳税筹划方法

我国现行消费税征税范围比较窄，只选择了烟、酒及酒精、高档化妆品、贵重首饰及珠宝玉石、鞭炮焰火、成品油、摩托车、小汽车、高尔夫球及球具、高档手表、游艇、木制一次性筷子、实木地板涂料、电池这十五类消费品征税。因此在纳税人的选定上可以进行适当的筹划，具体筹划方法是：①如果企业希望从源头上节税，在投资决策时，就可以避开上述十五类消费品，而选择其他符合国家产业政策，在流转税及所得税方面有优惠政策的产品进行投资，也即不做消费税纳税人。② 高档消费品并没有列入消费税征税范围，在市场前景看好的情况下，企业也可以选择这类高档消费品项目进行投资，以避免成为消费税纳税人，如移动电话、手提电脑、高档摄像机、高档组合音响、裘皮制品、装饰材料等，在市场前景看好的情况下，企业选择这类项目投资，也可以达到规避消费税税收负担的目的。

## 第二节　消费税税率的纳税筹划

### 一、消费税税率的法律规定

消费税的税率有比例税率、定额税率以及复合税率三种形式。比例税率有 13 档，从 3% ~ 56% 不等；定额税率有 8 个档，为 0.03 ~ 250 元。

### 二、消费税税率纳税筹划方法

#### （一）兼营不同税率应税消费品的纳税筹划

由于应税消费品所适用的税率是固定的，只有在出现兼营不同税率应税消费品的情况下，纳税人才可以选择合适的销售方式和核算方式，达到适用较低消费品税率的目的，从而降低税负。

消费税的兼营行为，主要是指消费税纳税人同时经营两种以上税率的应税消费品的行为。对于这种兼营行为，税法明确规定：纳税人兼营多种不同税率的应税消费品的企业，应当分别核算不同税率应税消费品的销售额、销售数量；未分别核算销售额、销售数量，或者将不同税率的应税消费品组成成套消费品销售的，应从高适用税率。这一规定要求企业在会计核算的过程中做到账目清楚，以免蒙受损失。

这就要求企业健全会计核算，按不同税率将应税消费品分开核算。如果为达到促销效果，采用成套销售方式，可以考虑将税率相同或相近的消费品组成成套销售。如可以将不同品牌的化妆品套装销售，而如果将护肤护发品（消费税税率为 0）和高档化妆品（消费税税率为 15%）组成一套销售，就会大大增加企业应纳的消费税额。除非企业成套销售所带来的收益远远大于因此而增加的消费税及其他成本，或者企业是为了达到占领市场、宣传新产品等战略目的，否则单纯从税收角度看，企业应将不同税率的应税消费品分开核算，分开销售。

对消费品组合销售问题，必须先进行应纳税额测算，再确定有无必要组成成套消费品销售，避免给企业造成不必要的税收负担。

【例 5–1】20×× 年，十粮酒厂既生产税率为 20% 加 0.5 元 /500 克的白酒，又生产税率为 10% 的药酒（其他酒），还生产上述两类酒的小瓶装礼品套装酒。×× 年 8 月该厂对外销售 12 000 瓶白酒，每瓶 500 克装，单价 30 元 / 瓶；销售 8000 瓶药酒，单价 50 元 / 瓶。每瓶酒均为 500 克；销售 700 套套装酒，单价 120 元 / 套，其中白酒 3 瓶、药酒 3 瓶，均为 250 克装。对该酒厂的税收筹划工作，现拟出以下三个方案进行比较。

【筹划分析】方案一：如果三类酒单独核算，应纳消费税税额为

白酒：30×12 000×20%+12 000×0.5=78 000（元）

药酒：50×8000×10%=40 000（元）

套装酒：120×700×20%+700×6×0.5×0.5=16 800+1050=17 850（元）

应纳消费税额合计 =78 000+40 000+17 850=135 850（元）

方案二：如果三类酒未单独核算，则应采用税率从高的原则，应纳消费税税额为

(30×12 000+50×8000+120×700)×20%+(12 000+8000+700×6×0.5)×0.5

=(360 000+400 000+84 000)×20%+22 100×0.5

=168 800+11 050=179 850（元）

由此可见，如果十粮酒厂将三种酒单独核算，可节税

179 850–135 850=4 4000（元）

方案三：如果该企业将套装酒改成单独销售方式，还可节税

120×700×20%+700×6×0.5×0.5–(700×1.5×30×20%+700×3×0.5×0.5+700×1.5×50×10%)

=17 850–(6300+525+5250)

=17 850–12 075（元）=5775（元）

因此，企业兼营不同税率应税消费品时，能单独核算，最好单独核算，没有必要

成套销件的，最好单独销售，尽量降低企业的税收负担。

如果企业经过调查研究，认为组成套装酒销售可以增加销售量，决定必须组装成套装酒的，可以采用变通的方式，即先销售后包装。企业应当先按照套装酒的要求分别生产 250 克装的白酒和药酒以及套装酒的包装盒，由公司分别销售后再组装进套装酒的包装盒交给购买者即可，这样可以降低总体税负。

### （二）税率跳跃临界点的纳税筹划

从 2016 年新实施的消费税税率表所列示的消费税税目与税率之间的关系可知：卷烟的税率与调拨价的高低直接相关；乘用车和摩托车的税率与汽缸容量（排气员）直接相关，随着乘用车和摩托车的排气量增加，其税率也会相应提高，税负也会迅速增长。上述三种应税消费品都存在着明显的税率跳跃临界点，有一定的纳税筹划空间，值得企业进行纳税筹划，达到合理避税的目的。

如应税消费品中的卷烟每标准条对外调拨价在 70 元（含 70 元，不含增值税）以上的，消费税税率为 56% 加 0.003 元 / 支；每标准条对外调拨价在 70 元以下的，消费税税率为 36% 加 0.003 元 / 支。从卷烟调拨价看，在临界点附近，纳税负担变化相当大，会出现纳税负担的增加大于计税依据增加的情况。在这种情况下，企业可以巧妙地运用临界点来适当降低产品价格，从而增加税后利润。

企业生产的卷烟，从价定率计税时，其计税依据为卷烟的调拨价格或核定价格。根据《卷烟消用税计税价格信息采集和核定管理办法》的规定，调拨价格是指卷烟生产企业通过卷烟交易市场与购货方签订的卷烟交易价格；核定价格是指不进入中国烟草交易中心和省烟草交易（订货）会交易，由税务机关核定的卷烟价格。

计税价格是纳税人计税税额的依据，只要尽量降低计税价格，就可以在税率一定的前提下，降低纳税人的消费税税负。

【例 5-2】根据【案例导入】中安徽九华卷烟厂的资料，就该厂 20×× 年 5 月生产九华卷烟价格是定为 69 元，还是定为 70 元进行纳税筹划如下。

（1）按财务部门提议调价：

每标准条卷烟应纳消费税 =69×36%=24.84（元）

应纳城市维护建设税和教育费附加 =24.84×（7%+3%）=2.484（元）

合计应纳税额 =24.84+2.484=27.324（元）

税后利润 =69−38−27.324=3.676（元）

（2）按销售部门提议调价：

每标准条卷烟应纳消费税 =70×56%=39.2（元）

应纳城市维护建设税和教育费附加 =39.2×（7%+3%）=3.92（元）

应纳税额合计 =39.2+3.92=43.12（元）

税后利润 =70−38−43.12=−11.12（元）

经过比较可得出如下结论：财务部门提出的方案更优，卷烟调拨价虽只低 1 元，每条烟能赚 3.676 元，可节税 15.796 元（43.12–27.324）；销售部门提出的方案不可取，卷烟调拨价虽提高 1 元，每条卷烟却亏 11.12 元。由此可见，价格提高在临界点内，即定为 69 元，既能增加企业利润，又能增强该产品在价格上的竞争力。

由上例可进一步引出卷烟定价的纳税筹划如下。

根据税法规定，现行卷烟采用从价定率和从量定额相结合的复合计税法。由于卷烟在临界点处，其消费税税率跳跃性很大，卷烟调拨价仅 1 元之差，税率却相差 20%（56% ~ 36%），故卷烟存在着一个不合理的定价区间，其下限为 70 元（适合的定价区间的上限为 69.99 元）。设 $X$ 为不适合定价区间的上限，当不适合定价区间的上限和下限的税后收入相等时就可以求得 $X$ 值。假定城市维护建设税税率为 7%，教育费附加率为 3%，可列示方程为

$$X-X\times 56\%-X\times 56\%\times(7\%+3\%)=69.99-69.99\times 36\%-69.99\times 36\%\times(7\%+3\%)$$

$$X-X\times 56\%\times(1+7\%+3\%)=69.99-69.99\times 36\%\times(1+7\%+3\%)$$

求得 $X$=110.088(元)

也就是说，当企业将卷烟的调拨价定为 110.088 元时，其税后收入与定价为 69.99 元的税后收入一致，均为 42.273 96 元。卷烟不适宜的价格区间在 70 ~ 110.088 元。如此，企业为了薄利多销，抢占市场，扩大销量，应当把卷烟调拨价定得低一些。当然，如果企业认为其卷烟属于高档消费品，级别很高，也可以采取高价策略，以满足那些高消费人群的需要，而高额的定价已经足以弥补税负增加的损失，并给企业创造了高额利润。

同理，企业的乘用车和摩托车的汽缸容量，在能保证该车速度、安全性、舒适性等方面的前提下，也可以尽量降低排气量，以便降低消费税税率，达到节税和低碳经济的目的。

# 第三节　消费税计税依据的纳税筹划

## 一、委托加工与企业自制的纳税筹划

### （一）委托加工应税消费品的确定

委托加工的应税消费品是指由委托方提供原料和主要材料，受托方只收取加工费和代垫部分辅助材料加工的应税消费品。加工费是指受托方向委托方收取的全部费用，包括代垫辅助材料实际成本。

对于由受托方提供原材料生产的应税消费品，或者受托方先将原材料卖给委托方再接受加工的应税消费品，以及由受托方以委托方名义购进原材料生产的应税消费品，无论在财务上是否作销件处理，都不得作为委托加工应税消费品，而应当按照销售自制应税消费品缴纳消费税。

对于确实由于委托方提供原料和主要材料，受托方只收取加工费和代垫部分辅助材料加工的应税消费品，根据《中华人民共和国消费税暂行条例》第四条规定：委托加工的应税消费品由受托方在向委托方交货时代收代缴税款，受托方为法定的代收代缴义务人。如果受托方对委托加工的应税消费品未代收代缴或少代收代缴消费税，就要按《税收征收管理法》的规定，承担补税或罚款的法律责任。

对委托方补征税款的计税依据有以下几个方面。

（1）如果收回的应税消费品已经直接销售的，按销售额计税。

（2）如果收回的应税消费品尚未销售或不能直接销售的，如收回后用于连续生产等，按组成计税价格计税。其计算公式为

$$组成计税价格=(发出材料成本+支付的加工费)\div(1-消费税税率)$$

$$应纳消费税额=组成计税价格\times消费税税率$$

## （二）代收代缴税款

（1）受托方是法定的代收代缴义务人，由受托方在向委托方交货时代收代缴消费税。

（2）纳税人委托个体经营者加工应税消费品，一律于委托方收回后在委托方所在地缴纳消费税。

（3）如果受托方没有按有关规定代收代缴消费税，或没有履行代收代缴义务，就要按照《税收征收管理法》的有关规定，承担罚款的法律责任。

（4）委托加工的应税消费品，受托方在交货时已代收代缴消费税，委托方收回后直接销售的，不再征收消费税。

（5）对既有自产卷烟，同时又委托联营企业加工与自产卷烟牌号、规格相同卷烟的工业企业，凡是从联营企业购进后再直接销售卷烟，对外销售时无论是否加价，凡是符合下述条件的，不再征收消费税；不符合下述条件的，则征收消费税：① 回购企业在委托联营企业加工卷烟时，除提供联营企业所需加工卷烟牌号外，还须提供税务机关已经公示的消费税计税价格。联营企业必须按照已经公示的调拨价格申报缴纳消费税。② 回购企业将联营企业加工卷烟回购后用于销售的卷烟，其销售收入应与自产卷烟的销售收入分开核算，以备税务机关检查；如不分开核算，则一并计入自产卷烟销售收入征收消费税。

## （三）委托加工收回的应税消费品已纳消费税的处理规定

### 1. 委托加工应税消费品收回后用于连续生产的

根据税法规定，下列外购和委托加工收回后用于连续生产的应税消费品，对外购应税消费品已缴纳的消费税税款或者委托加工的应税消费品（原料）由受托方代收代缴的消费税税款，准予从应纳消费税税额中抵扣：① 委托加工已税烟丝为原料生产的卷烟；② 委托加工已税高档化妆品生产的高档化妆品；③ 委托加工已税珠宝玉石生产的贵重首饰及珠宝玉石；④ 委托加工已税鞭炮、焰火生产的鞭炮、焰火；⑤ 委托加工已税汽车轮胎（内胎或外胎）生产的汽车轮胎；⑥ 委托加工已税摩托车生产的摩托车；⑦ 以委托加工收缴的已税石油为原料生产的应税消费品；⑧ 以委托加工收回的已税燃料油为原料生产的应税消费品（2009 年新增）；⑨ 以委托加工收回的已税润滑油为原料生产的润滑油；⑩ 以委托加工收回的已税杆头、杆身和握把为原料生产的高尔夫球杆；⑪ 以委托加工收回的已税木制一次性筷子为原料生产的木制一次性筷子；⑫ 以委托加工收回的已税实木地板为原料生产的实木地板。

注意：上述十二种委托加工收回的应税消费品连续生产的应税消费品，准予从应纳消费税税额中按当期生产领用数量计算扣除其已纳消费税税款。其计算公式为

当期准予扣除的委托加工应税消费品的已纳税额 = 期初库存的委托加工应税消费品的已纳税额 + 当期收回的委托加工应税消费品的已纳税额 – 期末库存的委托加工应税消费品的已纳税额

但是，对于酒类产品（啤酒除外）而言，委托加工收回的酒及酒精继续生产酒类产品，其受托方代收代缴的消费税不得抵扣，这部分消费税转为原材料的成本，会相应减少企业利润。

### 2. 委托加工的应税消费品收回后直接出售的

无论何种消费品，如果委托加工的应税消费品收回后直接出售的，不再征收消费税。

## （四）企业自制与委托加工的税负差异

根据有关规定，对于应税消费品的生产，由企业自制与委托加工的税负是不同的，二者的区别如下。

（1）从消费税来说，二者的税基不同：① 委托加工的税基是受托方同类应税消费品的销售价格或组成计税价格。② 自行加工的税基是应税消费品的销售价格。

（2）从增值税来说，二者的税负不同。委托加工的增值税税负低于自行加工，因为自行加工发生的劳务费用不能扣税。

（3）消费税是价内税，这部分税金可以在税前扣除，而增值税是价外税。

根据以上区别点，消费税纳税人可以利用关联企业关系，压低委托加工成本，达到少纳税的目的。如果没有关联企业，也可在估算委托加工成本上、下限的基础上，事先测算企业税负，确定委托加工费的上限，以便降低税负。

【例 5-3】20×× 年 4 月 20 日，莲荷酒业有限责任公司（以下简称莲荷酒厂）承接明海公司白酒订单一份，合同约定销售白酒 20 万千克，要求 1 千克装一瓶，共销售 20 万瓶酒，销售金额 1400 万元。莲荷酒厂当即购进原材料小麦 60 万千克，金额为 150 万元，准备加工成白酒 20 万千克，现就如何加工制订了以下四套方案。

方案一：莲荷酒厂自行加工白酒，但需要支付加工费 50 万元。

方案二：将 60 万千克小麦委托金口子酒厂加工成散装白酒 20 万千克，需要支付加工费 45 万元，散装白酒运回本厂后再装瓶，需要支付装瓶费 3 万元。

方案三：将 60 万千克小麦委托金口子酒厂加工成散装白酒 20 万千克并装瓶，需要支付加工费 50 万元。

方案四：将 60 万千克小麦委托金口子酒厂加工成高纯度白酒 10 万千克，需要支付加工费 30 万元。然后由本酒厂继续加工生产成 20 万千克白酒销售并装瓶，需要支付加工费 15 万元。

假定：莲荷酒厂适用的城市维护建设税税率为 7%，教育费附加税率为 3%；企业所得税税率为 25%；增值税以及由此计算的城市维护建设税和教育费附加不考虑。要求对该公司的白酒生产方式进行纳税筹划。

【筹划分析】方案一：自行生产加工。

销售白酒应缴纳的消费税 =1400×20%+20×2×0.5=300（万元）

销售白酒应缴纳的城市维护建设税和教育费附加 =300×(7%+3%)=30（万元）

销售白酒的税后利润 =(1400−150−300−30−50)×(1−25%)=652.5（万元）

方案二：委托加工成散装白酒。

金口子酒厂应代收代缴的消费税 =(150+45)÷(1−20%)×20%+20×2×0.5=68.75（万元）

销售白酒应缴纳的消费税 =1400×20%+20×2×0.5=300（万元）

销售白酒应缴纳的城市维护建设税和教育费附加 =(300+68.75)×(7%+3%)=36.875（万元）

销售白酒的税后利润 =(1400−150−45−68.75−300−36.875−3)×(1−25%)=597.281 25（万元）

方案三：委托加工成可直接出售的瓶装白酒。

金口子酒厂应代收代缴的消费税 =(150+50)÷(1−20%)×20%+20×2×0.5=70（万元）

应当缴纳的城市维护建设税和教育费附加 =70×(7%+3%)=7（万元）

销售白酒的税后利润 =(1400−150−50−70−7)×(1−25%)=842.25（万元）

方案四：委托加工成高纯度白酒，然后由本公司生产成白酒装瓶销售。

公司向金口子酒厂支付加工费的同时，向受托方支付由其代收代缴的消费税：

金口子酒厂应代收代缴的消费税 =(150+30) ÷ (1−20%) × 20%+10 × 2 × 0.5=55（万元）

应当缴纳的城市维护建设税和教育费附加 =55 × (7%+3%)=5.5（万元）

公司销售白酒时：

应当缴纳的消费税 =1400 × 20%+20 × 2 × 0.5=300（万元）

应当缴纳的城市维护建设税和教育费附加 =300 × (7%+3%)=30（万元）

公司取得的税后利润为

税后利润 =(1400−150−30−15−55−5.5−300−30) × (1−25%)=610.875（万元）

可以得出如下结论：① 因为白酒作为委托加工应税消费品收回后用于连续生产的，由受托方代扣代缴的消费税不能抵扣，这样，对委托方来说，其产品委托加工的程度越深，所缴纳的消费税就越多；② 对于委托加工应税消费品收回后直接出售的，不再征收消费税。通常情况下，委托方收回委托加工的应税消费品后，要以高于成本（成本一般等于组成计税价格）的价格售出以求盈利。这样，对委托方来说，其产品收回后直接对外出售的价格高于委托加工应税消费品的组成计税价格部分，实际上并未纳税，所以选择委托加工成定型产品收回后直接销售的方式能节税。

对于白酒，如果企业将白酒作为委托加工应税消费品收回后必须用于连续生产的，企业可以采取以下两条途径解决外购酒和酒精已纳消费税税款不能抵扣的问题：① 扩大企业规模，自己组织生产；② 采取快速扩张的方法，合并有这种生产能力的企业，实现优势互补，使本企业上档次、上规模，同时获得税收利益。

## 二、包装物的纳税筹划

《中国人民共和国消费税暂行条例》规定，实行从价定率办法计征消费税的产品，连同产品一起销售的包装物，无论包装物如何计价，也无论会计如何处理，均应并入消费品的销售额中计算征收消费税。如果包装物不作价随同产品销售，而是收取押金（收取酒类产品的包装物押金除外），且单独核算又未过期的，此项押金则不应并入应税消费品的销售额中征税，但对因逾期未收回的包装物不再退还的或者已收取的时间超过 1 年的押金，应并入应税消费品的销售额，按照应税消费品的适用税率缴纳消费税。对既作价随同应税消费品销售，又另外收取押金的包装物押金，凡纳税人在规定的期限内没有退还的，均应并入应税消费品的销售额，按照应税消费品的适用税率缴纳消费税。对酒类产品生产企业销售酒类产品（黄酒、啤酒除外）而收取押金的包装物押金，无论押金是否返还以及在会计上如何核算，均需并入酒类产品销售额中，依酒类产品的适用税率缴纳消费税。

由于企业购进或自制包装物的目的不是为了出售包装物赚钱，因此，企业要在包装物上节税的方法有两种：一是除了酒类产品（黄酒、啤酒除外），企业应该将包装物与产品分开核算；二是包装物不作价随同产品销售，而应采取出借包装物、收取押金的方式，这样“押金”就不并入销售额计算消费税了，企业在归还押金之前，可以占有这部分押金的利息。即使在经过1年后需要将押金并入应税消费品的销售额征税，也使企业获得了该笔消费税金额的1年的资金免费使用权，推迟消费税、增值税以及所得税等税的纳税时间。以下将通过案例介绍采取收取包装物押金的方式进行纳税筹划的具体方法。

【例5–4】某企业20×0年7月销售化妆品2500套，每套价值200元，其中含包装物价值20元。化妆品的消费税税率为15%。

方案一：包装物随同化妆品一道销售。

方案二：以每套收取20元包装物押金的方式销售化妆品。

两方案的计算结果如下。

方案一：化妆品销售额=2500×200=500 000(元)

应纳消费税额=500 000×15%=75 000(元)

方案二：采取收取押金的方式销售化妆品，则此押金就不需计入应税消费品销售额中征税，因而应纳消费税=2500×(200–20)×15%=67 500(元)

一年后如包装物押金未退回，则

20×1年7月应补交消费税=2500×20×15%=7500(元)

对于企业来说，20×1年少交消费税7500元，相当于获得了7500元的1年期无息贷款。如果每个月都能这样，其1年的无息贷款数额是相当大的，其中获得的利益就不言而喻了。

此外，包装物采取收取押金方式对购货方也有一定的好处：一是购货方只是为了使用包装物，因而能否拥有包装物的所有权对其意义不大，当包装物使用后及时归还，即可取回包装物押金，这样可以减少资金支出；二是包装物支付押金的方式可以降低所购货物的采购成本，增强企业竞争力。

# 第六章　税务会计基本板块——企业所得税纳税筹划

## 第一节　企业所得税概述

### 一、纳税人和征税对象

#### （一）纳税人

企业所得税是对我国境内的企业和其他取得收入的组织的生产经营所得和其他所得所征收的一种税收。我国目前执行的企业所得税法是 2018 年 12 月 29 日第十三届全国人民代表大会常务委员会第七次会议修订的《企业所得税法》。

企业所得税的纳税义务人是指在中华人民共和国境内的企业和其他取得收入的组织，即指依照中国法律、行政法规在中国境内成立的，除个人独资企业和合伙企业以外的公司、企业、事业单位、社会团体、民办非企业单位、基金会、外国商会、农民专业合作社以及取得收入的其他组织，均为企业所得税的纳税人。

按照国际上的通行做法，企业所得税的纳税人分为居民企业和非居民企业。

居民企业是指依法在中国境内成立，或者依照外国（地区）法律成立，但实际管理机构（是指对企业的生产经营、人员、账务、财产等实施实质性全面管理和控制的机构）在中国境内的企业。

非居民企业是指依照外国（地区）法律成立且实际管理机构不在中国境内，但在中国境内设立机构、场所的，或者在中国境内未设立机构、场所，但有来源于中国境内所得的企业。如非居民企业委托营业代理人在中国境内从事生产经营活动的，包括委托单位或者个人经常代其签订合同、交付货物等，则该营业代理人就视为非居民企业在中国境内设立的机构和场所。

#### （二）征税对象

企业所得税的征税对象是指企业的生产经营所得、其他所得和清算所得。纳税人分为居民和非居民，其征税对象是不同的。

居民企业的征税对象主要是来源于中国境内、境外的所得作为征税对象。居民企业的所得包括销售货物收入、提供劳务收入、转让财产收入、股息、红利等权益性投资收益、利息收入、租金收入、特许权使用费收入、接受捐赠收入、其他收入。

非居民企业的征税对象主要是指在中国境内设立机构、场所的，应当就其所设机构、场所取得的来源于中国境内的所得，以及发生在中国境外，但与其所设机构、场所有实际联系的所得，缴纳企业所得税。非居民企业在中国境内未设立机构、场所的，或者虽设立机构、场所，但取得的所得与其所设机构、场所没有实际联系的，应当就其来源于中国境内的所得缴纳企业所得税。非居民企业所得主要包括非居民企业取得来自中国境内股息、红利等权益性投资收益和利息、租金、特许权使用费所得（以收入全额为应纳税所得额）及转让财产所得（以收入全额减除财产净值后的余额为应纳税所得额）。

## 二、税率

企业所得税实行比例税率，企业所得税法将纳税人分为居民企业和非居民企业，税率也根据纳税人的不同而不同。现行规定如下。

### （一）基本税率为 25%

该税率适用于居民企业。

### （二）低税率为 20%

该税率适用于在中国境内未设立的机构、场所且所得与机构、场所无实际联系的非居民企业。

在这些税率的基础上，税法根据企业产业性质不同，通常对居民企业和非居民企业还会进行税收优惠，于是还有高新技术企业的 15% 的税率、小型微利企业的 20% 的税率等，在后面税收优惠中介绍。

## 三、应纳税所得额的计算

应纳税所得额是企业计算所得税的依据。非居民企业的应纳税所得额计算公式为

非居民企业的应纳税所得额=收入总额（或转让财产所得）

因为非居民企业所得主要包括非居民企业取得来自中国境内股息、红利等权益性投资收益、利息、租金、特许权使用费所得和转让财产所得。非居民企业取得来自中国境内股息、红利等权益性投资收益、利息、租金、特许权使用费所得，通常以收入全额为应纳税所得额，转让财产所得通常以收入全额减除财产净值后的余额为应纳税所得额。对于非居民企业取得的其他所得，参照收入总额（或转让财产所得）规定的

方法计算应纳税所得额。

居民企业的应纳税所得额计算公式为

居民企业的应纳税所得额=纳税年度的收入总额–减除不征税收入–免税收入–各项扣除–允许弥补的以前年度亏损后的余额

应纳税所得额是企业计算所得税的依据。它计算的正确与否直接影响企业所得税的正确计算，关系国家和纳税人税源的正确征收和缴纳、财政收入的稳定。因此，税法规定居民企业应纳税所得额的计算首先以权责发生制为原则，属于当期的收入和费用，无论款项是否收付，均作为当期的收入和费用；不属于当期的收入和费用，即使款项已经当期收付，均不作为当期的收入和费用。其次，规定了收入总额、扣除范围和标准、资产的税务处理、亏损弥补等具体的确定标准。

## （一）收入总额

企业的收入总额包括企业以货币形式和非货币形式从各种来源取得的收入。包括销售货物收入、提供劳务收入、转让财产收入、股息、红利等权益性投资收益、利息收入、租金收入、特许权使用费收入、接受捐赠收入、其他收入。纳税人取得收入的货币形式包括现金、银行存款、应收账款、应收票据、准备持有至到期的债券投资以及债务的豁免等；纳税人取得收入的非货币形式包括存货、固定资产、生物资产、无形资产、股权投资、劳务、不准备持有至到期的债券等资产以及其他权益等。这些以非货币形式取得的收入，应当按照公允价值（公允价值是指按照市场价格确定的价值）确定收入额。

收入的确定主要涉及收入实现的内容和确认的时间。具体根据取得收入的形式来确定。

### 1. 销售货物收入和提供劳务收入

销售货物收入是指企业销售商品、产品、原材料、包装物、低值易耗品以及其他存货取得的收入。提供劳务收入是指企业从事建筑安装、修理修配、交通运输、仓储租赁、金融保险、邮电通信、咨询经纪、文化体育、科学研究、技术服务、教育培训、餐饮住宿、中介代理、卫生保健、社区服务、旅游、娱乐、加工以及其他劳务服务活动取得的收入。通常以销售者商品所有权转移获取了货币资金或获得了索取款项的权利时为收入的实现。

### 2. 转让财产收入

转让财产收入是指企业转让固定资产、生物资产、无形资产、股权、债权等财产取得的收入。

### 3. 股息、红利等权益性投资收益

股息、红利等权益性投资收益是指企业因权益性投资从被投资方取得的收入。按照被投资方做出利润分配决定的日期确认收入的实现。

4. 利息收入

利息收入包括存款利息、贷款利息、债券利息、欠款利息等收入。按照合同约定的债务人应付利息的日期确认收入的实现。

5. 租金收入

租金收入是指企业提供固定资产、包装物或者其他有形资产的使用权取得的收入。按照合同约定的承租人应付租金的日期确认收入的实现。

6. 特许权使用费收入

特许权使用费收入，按照合同约定的特许权使用人应付特许权使用费的日期确认收入的实现。

7. 接受捐赠收入

接受捐赠收入包括接受的来自其他企业、组织或者个人无偿给予的货币性资产、非货币性资产。按照实际收到捐赠资产的日期确认收入的实现。

8. 其他收入

其他收入包括企业资产溢余收入、逾期未退包装物押金收入、确实无法偿付的应付款项、已作坏账损失处理后又收回的应收款项、债务重组收入、补贴收入、违约金收入、汇兑收益等。

9. 特殊收入的确认

（1）以分期收款方式销售货物的，应当按照合同约定的收款日期确认收入的实现。

（2）受托加工制造大型机械设备、船舶、飞机等，以及从事建筑、安装、装配工程业务或者提供劳务等，持续时间超过十二个月的，按照纳税年度内完工进度或者完成的工作量确认收入的实现。

（3）采取产品分成方式取得收入的，以企业分得产品的时间确认收入的实现，其收入额按照产品的公允价值确定。

（4）企业发生非货币性资产交换，以及将货物、财产、劳务用于捐赠、赞助、集资、广告、样品、职工福利和利润分配，应当视同销售货物、转让财产和提供劳务，但国务院财政、税务主管部门另有规定的除外。

## （二）不征税收入

不征税收入主要包括财政拨款、行政事业性收费、政府性基金、国务院规定的其他不征税收入。

1. 财政拨款

财政拨款是指各级政府对纳入预算管理的事业单位、社会团体等组织拨付的财政资金，但国务院以及国务院财政、税务主管部门另有规定的除外。

2. 行政事业性收费

行政事业性收费是指按照国务院规定程序批准，在实施社会公共管理，以及在向公民、法人或者其他组织提供特定公共服务过程中，向特定对象收取并纳入财政管理的费用。

3. 政府性基金

政府性基金是指企业根据法律、行政法规等有关规定，代政府收取的具有专项用途的财政资金。

4. 国务院规定的其他不征税收入

国务院规定的其他不征税收入是指企业取得的，经国务院批准的国务院财政、税务主管部门规定专项用途的财政性资金。

### （三）免税收入

（1）国债利息收入，即纳税人购买国债、支援国家建设，因购买国债取得的利息收入，免征企业所得税。

（2）符合条件的居民企业之间的股息、红利等权益性投资收益，是指居民企业直接投资于其他居民企业取得的投资收益。

（3）在中国境内设立机构、场所的非居民企业从居民企业取得与该机构、场所有实际联系的股息、红利等权益性投资收益。

不包括连续持有居民企业公开发行并上市流通的股票不足十二个月取得的投资收益。

（4）符合条件的非营利组织的收入。

### （四）所得税前扣除项目

1. 所得税前扣除项目的计算原则

企业申报的扣除项目和金额要真实、合法。真实是指能提供证明有关支出确实已经发生；合法是指符合国家税法的规定，若其他法规规定与税收法规规定不一致，应以税收法规的规定为标准。税法规定:企业实际发生的与取得收入有关的、合理的支出，包括成本、费用、税金、损失和其他支出，准予在计算应纳税所得额时扣除。一般情况下，在计算扣除项目时还应遵循以下原则。

（1）权责发生制原则

权责发生制原则是指企业费用应在发生的所属期扣除，而不是在实际支付时确认扣除。

（2）配比原则

配比原则是指企业发生的费用应当与收入配比扣除。除特殊规定外，企业发生的费用不得提前或滞后申报扣除。

（3）相关性支出

相关性支出是指与取得收入直接相关的支出。

（4）合理性支出

合理性支出是指符合生产经营活动常规，应当计入当期损益或者资产成本的必要与正常的支出。

（5）区分收益性支出和资本性支出

收益性支出可以在发生当期直接扣除。

资本性支出应当按照税收法律、行政法规的规定分期扣除或者计入有关资产成本，不得在发生当期直接扣除。

（6）不重复扣除

除企业所得税法和条例另有规定外，企业实际发生的成本、费用、税金、损失和其他支出，不得重复扣除。

此外，必须注意：企业的不征税收入用于支出所形成的费用或者财产，不得扣除或者计算对应的折旧、摊销扣除。

**2. 所得税前扣除项目的计算标准**

在计算扣除项目时，属于收益性支出应该一次性税前扣除，属于资本性支出应该采取分期折旧或摊销。但对于这些扣除税法均规定了以下标准。

（1）收益性支出

收益性支出项目均按照实际发生额或规定的标准扣除。

1）工资、薪金支出。企业实际发生的合理的职工工资薪金，准予在税前扣除。

职工工资薪金是指企业每一纳税年度支付给在本企业任职或与其有雇佣关系的员工的所有现金或非现金形式的劳动报酬，包括基本工资、奖金、津贴、补贴、年终加薪、加班工资，以及与任职或者受雇有关的其他支出。

特别规定：企业发放给在本企业任职的主要投资者个人及其他有关联关系的人员的工资薪金，应在合理的范围内扣除。

2）“三项费用”扣除。

① 企业发生的职工福利费支出，不超过工资、薪金总额 14% 的部分，准予扣除。

② 企业拨缴的职工工会经费支出，不超过工资、薪金总额 2% 的部分，准予扣除。

③ 除国务院财政、税务主管部门另有规定外，企业发生的职工教育经费支出，不超过工资薪金总额 2.5% 的部分，准予扣除；超过部分，准予在以后纳税年度结转扣除。

3）捐赠的扣除。企业发生的公益性捐赠支出，在年度利润总额 12% 以内的部分，准予在计算应纳税所得额时扣除。年度利润总额，是指企业按照国家统一会计制度的规定计算的年度会计利润。

公益性社会团体是指同时符合下列条件的基金会、慈善组织等社会团体。

① 依法登记，具有法人资格。

② 以发展公益事业为宗旨，且不以营利为目的。

③ 全部资产及其增值为该法人所有。

④ 收益和营运结余主要用于符合该法人设立目的的事业。

⑤ 终止后的剩余财产不归属任何个人或者营利组织。

⑥ 不经营与其设立目的无关的业务。

⑦ 有健全的财务会计制度。

⑧ 捐赠者不以任何形式参与社会团体财产的分配。

⑨ 国务院财政、税务主管部门会同国务院民政部门等登记管理部门规定的其他条件。

4）社会保障性支出扣除。

① 按照国务院有关主管部门或省级政府规定的范围和标准为职工缴纳的基本养老保险费、基本医疗保险费、失业保险费、工伤保险费、生育保险费等基本社会保险费和住房公积金，准予扣除。

② 企业缴纳的补充养老保险费、补充医疗保险费，在国务院财政、税务主管部门规定的标准和范围内，准予扣除。

③ 企业为其投资者或者职工个人向商业保险机构投保的人身保险、财产保险等商业保险费，不得扣除。但根据国家有关规定为特殊工种职工支付的人身安全保险费，以及国务院财政、税务主管部门规定可以扣除的其他商业保险费，准予扣除。

5）企业在生产经营活动中发生的合理的不需要资本化的借款费用，准予扣除。企业为购置、建造和生产固定资产、无形资产和经过十二个月以上的建造才能达到预定可销售状态的存货发生借款的，在有关资产购建期间发生的合理的借款费用，应当作为资本性支出计入有关资产的成本，并根据本条例有关规定扣除。

企业在生产经营活动中发生的下列利息支出，准予扣除。

① 非金融企业向金融企业借款的利息支出、金融企业的各项存款利息支出和同业拆借利息支出、企业经批准发行债券的利息支出。

② 非金融企业向非金融企业借款的利息支出，不超过按照金融企业同期同类贷款利率计算的数额的部分。

③ 企业在货币交易中，以及纳税年度终了将人民币以外的货币性资产、负债按照期末即期人民币汇率中间价折算为人民币时产生的汇兑损失，除已经计入资产成本以及与向所有者进行利润分配相关的部分外，准予扣除。

6）业务招待费扣除。企业发生的与生产经营活动有关的业务招待费，按照发生额的 60% 扣除，但最高不得超过当年销售（营业）收入的 5‰。

7）广告费扣除。企业每一纳税年度发生的符合条件的广告费和业务宣传费，除国务院财政、税务主管部门另有规定外，不超过当年销售（营业）收入 15% 的部分，准予扣除；超过部分，准予在以后纳税年度结转扣除。

8）其他扣除。

① 按照国家法律、行政法规有关规定提取的用于环境、生态恢复等的专项资金，准予扣除；提取资金改变用途的，不得扣除。

② 企业参加财产保险，按照规定实际缴纳的保险费用，准予扣除。

③ 企业实际发生的合理的劳动保护支出，准予扣除。

9）总机构分摊的费用。非居民企业在中国境内设立的机构、场所，就其中国境外总机构发生的与该机构、场所生产经营有关的费用，能够提供总机构出具的费用汇集范围、定额、分配依据和方法等证明文件，并合理分摊的，准予扣除。

10）资产损失。资产损失是指企业在生产经营活动中发生的固定资产和存货的盘亏、毁损、报废损失，转让财产损失，呆账损失，坏账损失，自然灾害等不可抗力因素造成的损失以及其他损失。

企业发生的损失，减除责任人赔偿和保险赔款后的余额，依照国务院财政、税务主管部门的规定扣除。

企业已经作为损失处理的资产，在以后纳税年度又全部收回或者部分收回时，应当计入当期收入。

（2）资本性支出

资本性支出往往形成资产，只能采取分次计提折旧或分次摊销的方式予以扣除。即纳税人经营活动中使用的固定资产的折旧费用、无形资产和长期待摊费用可以扣除。企业资本性支出进行的资产分期摊销或计提折旧形成的税前扣除，税法规定必须执行下列原则。

1）纳入税务处理范围的资产形式主要有固定资产、生物资产、无形资产、长期待摊费用、投资资产、存货等，均以历史成本为计税基础。

历史成本是指企业取得该项资产时实际发生的支出。

2）企业持有各项资产期间产生资产增值或损失，除税收规定可以确认损益的外，不得调整有关资产的计税基础。

3）企业不能提供财产取得或持有时的支出以及税前扣除情况有效凭证的，税务机关有权采用合理方法估定其财产净值。

此外，各项资产还必须执行具体的税务处理，具体如下。

1）固定资产，是指企业为生产产品、提供劳务、出租或经营管理而持有的、使用时间超过十二个月的非货币性长期资产，包括房屋、建筑物、机器、机械、运输工具以及其他与生产经营有关的设备、器具、工具等。

固定资产的计税基础按历史成本为计价基础。但固定资产取得的方式不同，其具体计价的项目也不同：外购的固定资产，按购买价款和相关税费作为计税基础；自行建造的固定资产，按竣工结算前实际发生的支出作为计税基础；融资租入的固定资产，以租赁付款额和承租人在签订合同过程中发生的相关费用为计税基础；租赁合同未约定付款总额的，以该资产的公允价值和承租人在签订租赁合同过程中发生的相关费用为计税基础；盘盈的固定资产，按同类固定资产的重置完全价值作为计税基础；通过捐赠、投资、非货币性资产交换、债务重组取得的固定资产，按该资产的公允价值和应支付的相关税费作为计税基础；改建的固定资产，除《企业所得税法》第十三条第（一）项、第（二）项（即已足额提取折旧的固定资产及租入固定资产的改建支出，一般指建筑物）规定的支出外，以改建过程中发生的改建支出增加为计税基础。

固定资产计算折旧：企业应当自固定资产投入使用月份的次月起计算折旧；停止使用的固定资产，应当自停止使用月份的次月起停止计算折旧。具体采用直线法计算。原值按上述固定资产的计税基础确定，企业固定资产的预计净残值则应当根据固定资产的性质和使用情况合理确定，但固定资产的预计净残值一经确定，不得变更。固定资产计算折旧的预计使用年限，税法规定了最低年限：房屋、建筑物为二十年；飞机、火车、轮船、机器、机械和其他生产设备为十年；与生产经营活动有关的器具、工具、家具等为五年；飞机、火车、轮船以外的运输工具为四年；电子设备为三年。

改建的固定资产延长使用年限的，除《企业所得税法》第十三条第（一）项和第（二）项（即已足额提取折旧的固定资产及租入固定资产的改建支出，一般指建筑物）规定外，应当适当延长折旧年限，并相应调整计算折旧。

需要注意的是，从事开采石油、天然气等矿产资源的企业，在开始商业性生产前发生的费用和有关固定资产的折耗、折旧方法，由国务院财政、税务主管部门另行规定。

按照税法规定：在计算应纳税所得额时，企业按照规定计算的固定资产折旧，准予扣除。但对于房屋、建筑物以外未投入使用的固定资产，以经营租赁方式租入的固定资产，以融资租赁方式租出的固定资产，已足额提取折旧仍继续使用的固定资产，与经营活动无关的固定资产，单独估价作为固定资产入账的土地及其他不得计算折旧扣除的固定资产，不得计算折旧扣除。

2）生产性生物资产，是指为生产农林产品、提供劳务或者出租等目的持有的生物资产，包括经济林、薪炭林、产畜和役畜等。

生产性生物资产的取得方式主要通过外购和捐赠、投资、非货币性资产交换、债务重组等方式取得。外购生产性生物资产，按照购买价款和支付的相关税费作为计税基础；通过捐赠、投资、非货币性资产交换、债务重组取得的生产性生物资产，按该资产的公允价值和应支付的相关税费作为计税基础。

生产性生物资产按照直线法计算折旧。企业应当自生产性生物资产投入使用月份的次月起计算折旧；停止使用的生产性生物资产，应当自停止使用月份的次月起停止计算折旧。

具体采用直线法计提折旧时，原值按上述的计价基础确定，预计的净残值应当根据生产性生物资产的性质和使用情况合理确定。但生产性生物资产的预计净残值一经确定，不得变更。其计算折旧的预计使用年限，税法规定了最低年限：林木类生产性生物资产为十年；畜类生产性生物资产为三年。

3）无形资产，包括专利权、商标权、著作权、土地使用权、非专利技术、商誉等。

无形资产的计税基础通常根据取得方式不同确定，具体为：外购的无形资产，按购买价款、相关税费以及其他支出；自行开发的无形资产，按开发过程中符合资本化条件后至达到预定用途前发生的实际支出；通过捐赠、投资、非货币性资产交换、债务重组取得的无形资产，按公允价值和应支付的相关税费。

无形资产按直线法摊销。税法规定摊销年限不得少于十年。但若是投资或者受让的无形资产，在有关法律或协议、合同中规定了使用年限的，依规定使用年限摊销。注意下列无形资产不得计算摊销费用扣除。

① 自行开发的支出已在计算应纳税所得额时扣除的无形资产。

② 自创商誉。

③ 与经营活动无关的无形资产。

④ 其他不得计算摊销费用扣除的无形资产。

⑤ 外购商誉的支出，在企业整体转让或清算时，准予扣除。

4）投资资产，是指企业对外进行权益性投资和债权性投资形成的资产。

投资资产按照以下方法确定成本。

① 通过支付现金方式取得的投资资产，以购买价款为成本。

② 通过支付现金以外的方式取得的投资资产，以该资产的公允价值和支付的相关税费为成本。

企业对外投资期间，投资资产的成本在计算应纳税所得额时不得扣除，企业在转让或者处置投资资产时，投资资产的成本准予扣除。

5）存货，是指企业持有以备出售的产品或者商品、处在生产过程中的在产品、在生产或者提供劳务过程中耗用的材料和物料等。

存货成本的税前扣除主要取决于存货取得和发出的成本。

① 存货取得成本，按照取得的方式不同具体确定成本的项目：通过支付现金方式取得的存货，以购买价款和支付的相关税费为成本；通过支付现金以外的方式取得的存货，以该存货的公允价值和支付的相关税费为成本；生产性生物资产收获的农产品，以产出或者采收过程中发生的材料费、人工费和应当分摊的间接费用等必要支出为成本。

② 存货发出成本，税法规定按先进先出法、加权平均法、个别计价法选定一种来确定。计价方法一经选用，不得随意变更。

6）长期待摊费用，是指企业发生的应在一个年度以上或几个年度进行摊销的费用。

长期待摊费用的内容包括：已足额提取折旧的固定资产和租入固定资产的改建支出（即改变房屋或者建筑物结构、延长使用年限等发生的支出）；固定资产的大修理支出（即同时符合以下条件的支出：修理支出达到取得固定资产时的计税基础 50% 以上；修理后固定资产的使用寿命延长两年以上）及其他应当作为长期待摊费用的支出。

长期待摊费用摊销时间，按其内容不同摊销时间也各自不同，具体如下。

① 已足额提取折旧的固定资产的改建支出：按照固定资产预计尚可使用年限摊销。

② 租入固定资产的改建支出：按照合同约定的剩余租赁期摊销。

③ 固定资产的大修理支出：按照固定资产尚可使用年限分期摊销。

④ 其他应当作为长期待摊费用的支出：自支出发生月份的次月起，分期摊销，摊销年限不得低于三年。

企业转让以上资产，在计算企业应纳税所得额时，资产的净值允许扣除。其中，资产的净值是指有关资产、财产的计税基础减除已经按照规定扣除的折旧、折耗、摊销、准备金等后的余额。

除国务院财政、税务主管部门另有规定外，企业在重组过程中，应当在交易发生时确认有关资产的转让所得或损失，相关资产应当按照交易价格重新确定计税基础。

此外，必须注意有些项目不得在所得税前扣除，具体包括：向投资者支付的股息、红利等权益性投资收益款项；企业所得税税款；税收滞纳金和罚金、罚款和被没收财物的损失；企业之间支付的管理费、企业内营业机构之间支付的租金和特许权使用费，以及非银行企业内营业机构之间支付的利息，不得扣除；融资租赁发生的租赁费不得直接扣除，按规定构成融资租入固定资产价值的部分应当提取折旧费用，分期扣除；赞助支出，是指企业发生的与生产经营活动无关的各种非广告性质支出；未经核定的准备金支出，是指不符合本条例和国务院财政、税务主管部门规定的各项资产减值准备、风险准备等准备金支出。

## 四、企业所得税应纳税额的计算

### （一）企业所得税应纳税额的计算公式

企业所得税应纳税额等于企业应纳税所得额乘以企业所得税税率。其计算公式为

企业所得税应纳税额=居民企业应纳税所得额×企业所得税税率-减免税额-抵免税额

可见，计算应纳税额时，若企业享受减免税额、减少纳税所得额、抵免所得税额等优惠政策的，还要从应纳税额中减去。

对于大多数普通企业来说，应纳税额的多少主要取决于应纳税所得额和适用税率。在实务中主要采取间接计算法和直接计算法计算应纳税所得额和企业所得税。

间接计算法：

应纳税所得额=会计利润总额+（或-）纳税调整项目

企业所得税应纳税额=居民企业应纳税所得额×企业所得税税率-减免税额-抵免税额

直接计算法：

居民企业应纳税所得额=纳税年度的收入总额−不征税收入−免税收入−各项扣除−允许弥补的以前年度亏损后的余额

非居民企业应纳税所得额=收入总额（或转让财产所得）

企业所得税应纳税额=居民（非居民）企业应纳税所得额×企业所得税税率−减免税额−抵免税额

## （二）境外所得抵扣税额的计算

上述应纳税额的计算公式中的抵免税额通常有限额的规定：企业取得的下列所得已在境外缴纳的所得税额，可以从其当期应纳税额中抵免。

**1. 居民企业来源于中国境外的应税所得**

居民企业从其直接控制（居民企业直接持有外国企业 20% 以上股份）或者间接控制（居民企业以间接持股方式持有外国企业 20% 以上股份，具体认定办法由国务院财政、税务主管部门另行规定）的外国企业分得的来源于中国境外的股息、红利等权益性投资收益，外国企业在境外实际缴纳的所得税税额中属于该项所得负担的部分，可以作为该居民企业的可抵免境外所得税税额，在企业所得税税法规定的抵免限额内抵免。

**2. 非居民企业在中国境内设立机构、场所，取得发生在中国境外但与该机构、场所有实际联系的应税所得**

已在境外缴纳的所得税税额，是指企业来源于中国境外的所得依照中国境外税收法律以及相关规定应当缴纳并已经实际缴纳的企业所得税性质的税款。

若要抵免税额，还必须提供中国境外税务机关出具的税款所属年度的有关纳税凭证。但必须注意的是：已在境外缴纳的所得税税额，可以从企业当期应纳税额中抵免，但抵免规定了计算限额，超过抵免限额的部分，可以在以后连续五个年度内，用每年度抵免限额抵免当年应抵税额后的余额进行抵补；抵免限额应当分国（地区）不分项计算。企业境外业务之间的盈亏可以互相弥补，但企业境内外之间的盈亏不得相互弥补。

其计算公式为

境外所得税税额的抵免限额=中国境内、境外所得按税法计算的应纳税总额×来源于某国（地区）的应纳税所得额÷境内、境外应纳税所得总额

【例 6−1】某企业在我国境内 2019 年实现纳税所得额 400 万元，适用所得税税率 25%。在当年该企业设在甲国分支机构实现纳税所得额 100 万元，适用所得税税率 15%；设在乙国分支机构实现纳税所得额 100 万元，适用所得税税率 30%。假设我国与甲、乙两国均已经缔结了避免双重征税协定。在当年甲、乙两国分支机构计算的应纳税所得额恰好与按我国税法计算的结果一致。两个分支机构分别在甲、乙两国各缴

纳了企业所得税 15 万元、30 万元。试计算两个分支机构在境外已缴纳的税款在我国境内可抵免的税额。

当年该企业按我国税法计算的境内、外所得的应纳税额 =(400+100+100)×25%=150（万元）

甲国分支机构抵免限额 =150×100÷(400+100+100)=25（万元），超过甲国分支机构已在甲国缴纳了企业所得税 15 万元，故可以在我国全部抵免。

乙国分支机构抵免限额 =150×100÷(400+100+100)=25（万元），未超过乙国分支机构已在乙国缴纳了企业所得税 30 万元，故可以在我国境内抵免 25 万元，还有已在乙国缴纳了的税款 5 万元不得抵免。

当年该企业汇总后在我国境内应缴纳的所得税 =150−15−25=110（万元）

## 五、税收优惠

我国企业所得税法的税收优惠以产业为主，鼓励发展中国高新技术、农业、环保、节能产业，用来调整经济结构。优惠方式：减免税额；加计扣除、加速折旧、减计收入调减纳税所得额；税额抵免及其他执行新旧企业所得税法衔接过渡政策的优惠措施。

### （一）减免税优惠

#### 1. 居民企业从事下列所得可以免征、减征企业所得税

（1）从事农、林、牧、渔业项目的所得，分为免征、减征企业所得税。企业从事下列项目的所得，免征企业所得税。

① 蔬菜、谷物、薯类、油料、豆类、棉花、麻类、糖料、水果、坚果的种植。

② 中药材的种植。

③ 林木的培育和种植。

④ 牲畜、家禽的饲养。

⑤ 林产品的采集。

⑥ 灌溉、农产品初加工、兽医等农、林、牧、渔服务业项目。

⑦ 远洋捕捞。

企业从事下列项目的所得，减半征收企业所得税。

① 花卉、饮料和香料作物的种植。

② 海水养殖、内陆养殖。

国家禁止和限制发展的项目，不得享受本条规定的税收优惠。

（2）从事国家重点扶持的公共基础设施项目投资经营的所得，实行“三免三减半”优惠政策。企业从事的国家重点扶持的公共基础设施项目投资经营的所得，从项目取得第一笔生产经营收入所属纳税年度起，第一年至第三年免征企业所得税，第四年至

第六年减半征收企业所得税。但执行该减免税优惠政策时必须注意两点：其一，国家重点扶持的公共基础设施项目，是指《公共基础设施项目企业所得税优惠目录》内的港口码头、机场、铁路、公路、电力、水利等项目；其二，企业承包经营、承包建设和内部自建自用以上项目，不得享受企业所得税优惠。

（3）从事符合条件的环境保护、节能节水项目的所得，实行“三免三减半”优惠政策。企业从事符合条件的环境保护、节能节水项目的所得，从项目取得第一笔生产经营收入所属纳税年度起，第一年至第三年免征企业所得税，第四年至第六年减半征收企业所得税。但执行该减免税优惠政策时必须注意：符合条件的环境保护、节能节水项目，包括公共污水处理、公共垃圾处理、沼气综合开发利用、节能技术改造和节能服务、海水淡化等，具体条件和范围由国务院财政、税务主管部门会同有关部门共同制定，报国务院批准后公布施行。

上述两项享受减免税的，在减免税期未满时转让的，受让方自受让之日起，可以在剩余期限内享受规定的企业所得税优惠；减免税期满后转让的，受让方不得就该项目重复享受减免税。

（4）符合条件的技术转让所得，实行免征、减征税额。符合条件的技术转让所得免征、减征企业所得税，是指一个纳税年度内居民企业技术所有权转让所得不超过500万元的部分免征企业所得税，超过500万元的部分减半征收企业所得税。

（5）小型微利企业所得税税率为20%。小型微利企业是指从事国家非限制行业并同时符合以下条件的企业。

① 制造业，年度应纳税所得额不超过30万元，从业人数不超过100人，资产总额不超过3000万元。

② 非制造业，年度应纳税所得额不超过30万元，从业人数不超过80人，资产总额不超过1000万元。

（6）高新技术企业所得税税率为15%。高新技术企业是指在《国家重点支持的高新技术领域》内，持续进行研究开发与技术成果转化，形成企业核心自主知识产权（指的是近三年内通过自主研发、受让、受赠、并购等方式，或通过五年以上的独占许可方式，对其主要产品（服务）的核心技术拥有自主知识产权），并以此为基础开展经营活动，在中国境内（不包括港、澳、台地区）注册一年以上的居民企业，并同时符合下列条件的企业。

① 产品（服务）属于《国家重点支持的高新技术领域》规定的范围。

② 研究开发费用占销售收入不低于规定比例：指企业为获得科学技术（不包括人文、社会科学）新知识，创造性运用科学技术新知识，或实质性改进技术、产品（服务）而持续进行了研究开发活动，且近三个会计年度的研究开发费用总额占销售收入总额的比例符合如下要求。

- 最近一年销售收入小于 5000 万元的企业，比例不低于 6%。
- 最近一年销售收入在 5000 万元至 20 000 万元的企业，比例不低于 4%。
- 最近一年销售收入在 20 000 万元以上的企业，比例不低于 3%。

其中，企业在中国境内发生的研究开发费用总额占全部研究开发费用总额的比例不低于 60%。企业注册成立时间不足三年的，按实际经营年限计算。

③ 高新技术产品（服务）收入占企业总收入不低于规定比例:高新技术产品（服务）收入占企业当年总收入的 60% 以上。

④ 科技人员占企业职工总数不低于规定比例：具有大学专科以上学历的科技人员占企业当年职工总数的 30% 以上，其中，研发人员占企业当年职工总数的 10% 以上。

⑤ 高新技术企业认定管理办法规定的其他条件：企业研究开发组织管理水平、科技成果转化能力、自主知识产权数量、销售与总资产成长性等指标符合《高新技术企业认定管理工作指引》的要求等。

#### 2. 非居民企业所得税减免，主要包括减税和免税

在中国未设立机构和场所，但来源于中国所得，或者虽设立机构、场所，但取得的所得与其所设机构、场所没有实际联系的，应当就其来源于中国境内的所得的非居民企业所得税税率减按 10% 的税率征收。下列所得可以免征企业所得税。

（1）国际金融组织贷款给中国政府和居民企业取得的利息所得。

（2）在中国境内未设立机构、场所的非居民企业，从其直接投资的国家需要重点扶持的高新技术企业取得的股息、红利等权益性投资所得。

此外，民族自治地方的自治机关对本民族自治地方的企业应缴纳的企业所得税中属于地方分享的部分，可以决定减征或者免征。对于民族自治地方内国家限制和禁止行业的企业，不得减征或者免征企业所得税。

### （二）调整纳税所得额优惠

企业所得税的优惠除了免税、减税，还有通过加计扣除税前费用、加速折旧、减计征税收入、投资额一定比例冲减纳税所得额，使得纳税所得额的税基缩小，从而降低企业所得税。

#### 1. 加计扣除税前费用

（1）企业为开发新技术、新产品、新工艺发生的研究开发费用，未形成无形资产计入当期损益的，在按照规定实行 100% 扣除基础上，按照研究开发费用的 50% 加计扣除；形成无形资产的，按照无形资产成本的 150% 摊销。

（2）企业安置残疾人员的，在按照支付给残疾职工工资的 100% 扣除基础上，按照支付给上述人员工资的 100% 加计扣除；安置国务院规定鼓励安置并享受税收优惠的其他就业人员的，自安置就业所属纳税年度起三年内，在按照支付给上述人员工资的 100% 扣除基础上，按照支付给上述人员工资的 50% 加计扣除。

2. 加速折旧

符合采用加速折旧方法的企业，经税务部门批准可采用加速折旧方法计提折旧。

采取缩短折旧年限或者采取加速折旧方法的固定资产，包括以下两类。

（1）由于科技进步，产品更新换代较快的固定资产。

（2）常年处于强震动、高腐蚀状态的固定资产。

采取缩短折旧年限方法的，最低折旧年限不得低于税法规定折旧年限的 60%；采取加速折旧方法的，为双倍余额递减法或者年数总和法。

3. 资源综合利用减计收入

资源综合利用减计收入是指企业以《资源综合利用企业所得税优惠目录》规定的资源作为主要原材料，生产非国家限制和禁止并符合国家和行业相关标准的产品取得的收入，减按 90% 计入收入总额。

企业以《资源综合利用企业所得税优惠目录》规定的资源作为主要原材料占生产产品材料的比例不得低于《资源综合利用企业所得税优惠目录》规定的标准。

4. 创业投资企业减免纳税所得额

创业投资企业采取股权投资方式投资于未上市的中小高新技术企业两年以上的，可以按照其投资额的 70% 在股权持有满两年的当年抵扣该创业投资企业的应纳税所得额，当年不足抵扣的，可以在以后纳税年度逐年延续抵扣。

## （三）所得税额抵免项目

企业购置并实际使用《环境保护专用设备企业所得税优惠目录》《节能节水专用设备企业所得税优惠目录》《安全生产专用设备企业所得税优惠目录》规定的环境保护专用设备、节能节水专用设备、安全生产专用设备，其设备投资额的 10% 可以从企业当年的应纳税额中抵免；当年不足抵免的，可以在以后五个纳税年度结转抵免。

享受优惠的专用设备，应当是企业实际购置并自身实际投入使用的设备，企业购置上述设备在五年内转让、出租的，应当停止执行相应企业所得税优惠政策并补缴已抵免的企业所得税税款。

## （四）其他优惠

为了使企业顺利地从旧企业所得税法执行新企业所得税法，税法规定了过渡政策：企业所得税法公布前（2018 年 12 月 29 日）已经批准设立的企业，依照当时的税收法律、行政法规规定，享受低税率优惠的，按照国务院规定，可以在企业所得税法施行后五年内，逐步过渡到本法规定的税率；享受定期减免税优惠的，按照国务院规定，可以在本法施行后继续享受到期满为止，但因未获利而尚未享受优惠的，优惠期限从本法施行年度起计算。

1. 根据《国务院关于实施企业所得税过渡优惠政策的通知》（国发〔2007〕39 号）文件：自 2008 年 1 月 1 日起，原享受企业所得税“两免三减半”“五免五减半”等定期减免税优惠的企业，新税法施行后继续按原税收法律、行政法规及相关文件规定的优惠办法及年限享受至期满为止，但因未获利而尚未享受税收优惠的，其优惠期限从2008年度起计算。其过渡政策如下。

（1）适用15%企业所得税税率并享受企业所得税定期减半优惠过渡的企业，应一律按照国发〔2007〕39号文件第一条第二款规定的过渡税率计算的应纳税额实行减半征税，即2008年按18%税率计算的应纳税额，实行减半征税；2009年按20%税率计算的应纳税额，实行减半征税；2010年按22%税率计算的应纳税额，实行减半征税；2011年按24%税率计算的应纳税额，实行减半征税；2012年及以后年度按25%税率计算的应纳税额，实行减半征税。

（2）对原适用24%或33%企业所得税税率，并享受国发〔2007〕39号文件规定企业所得税定期减半优惠过渡的企业，2008年及以后年度一律按25%税率计算的应纳税额，实行减半征税。

（3）实施企业税收过渡优惠政策的其他规定。享受企业所得税过渡优惠政策的企业，应按照新税法和实施条例中有关收入和扣除的规定计算应纳税所得额，并按优惠税率规定计算享受税收优惠。

企业所得税过渡优惠政策与新税法及实施条例规定的优惠政策存在交叉的，由企业选择最优惠的政策执行，不得叠加享受，且一经选择，不得改变。

2. 外资企业再投资退税政策的过渡

外国投资者从外商投资企业取得的税后利润直接再投资本企业增加注册资本，或者作为资本投资开办其他外商投资企业，凡在2007年年底以前完成再投资事项，并在国家工商管理部门完成变更或注册登记的，可以按照《中华人民共和国外商投资企业和外国企业所得税法》及其有关规定，给予办理再投资退税。

对在2007年年底以前用2007年度预分配利润进行再投资的，不给予退税。

2008年1月1日之前外商投资企业形成的累积未分配利润，在2008年以后分配给外国投资者的，免征企业所得税。

2008年及以后年度外商投资企业新增利润分配给外国投资者的，依法缴纳企业所得税。

3. 经济特区和高新技术企业的过渡优惠政策

《国务院关于经济特区和上海浦东新区新设立高新技术企业实行过渡性税收优惠的通知》（国发〔2007〕40号）。

（1）国务院决定对法律设置的发展对外经济合作和技术交流的特定地区内（指深圳、珠海、汕头、厦门和海南经济特区）以及国务院已规定执行上述地区特殊政策的地区内（指上海浦东新区）新设立的国家需要重点扶持的高新技术企业，实行过渡性税收优惠。

（2）对经济特区和上海浦东新区内在 2008 年 1 月 1 日（含）之后完成登记注册的国家需要重点扶持的高新技术企业（以下简称新设高新技术企业），在经济特区和上海浦东新区内取得的所得，自取得第一笔生产经营收入所属纳税年度起，第一年至第二年免征企业所得税，第三年至第五年按照 25% 的法定税率减半征收企业所得税。

（3）既在经济特区和上海浦东新区内新设高新技术企业，同时又在经济特区和上海浦东新区以外的地区从事生产经营的，应当单独计算其在经济特区和上海浦东新区内取得的所得，并合理分摊企业的期间费用；没有单独计算的，不得享受企业所得税优惠。

（4）经济特区和上海浦东新区内新设高新技术企业在按照本通知的规定享受过渡性税收优惠期间，由于复审或抽查不合格而不再具有高新技术企业资格的，从其不再具有高新技术企业资格年度起，停止享受过渡性税收优惠；以后再次被认定为高新技术企业的，不得继续享受或者重新享受过渡性税收优惠。

4. 鼓励软件产业和集成电路产业发展的优惠政策

税法对软件产业和集成电路产业的优惠主要实行免税、减税和加大扣除等优惠政策。

（1）软件生产企业免税、减税政策。

① 软件生产企业实行增值税即征即退政策所退还的税款，由企业用于研究开发软件产品和扩大再生产，不作为企业所得税应税收入，不予征收企业所得税。

② 我国境内新办软件生产企业经认定后，自获利年度起，第一年和第二年免征企业所得税，第三年至第五年减半征收企业所得税。

③ 国家规划布局内的重点软件生产企业，如当年未享受免税优惠的，减按 10% 的税率征收企业所得税。

④ 软件生产企业的职工培训费用，可按实际发生额在计算纳税所得额税前扣除。

另外，企事业单位购进软件，凡符合固定资产或无形资产确认条件的，可以按照固定资产或无形资产进行核算，经主管税务机关核准，其折旧或摊销年限可以适当缩短，最短可为两年。

（2）集成电路设计企业视同软件企业，除享受上述软件企业免税、减税和扩大扣除等企业所得税优惠外，还有更大幅度优惠，具体如下。

① 集成电路生产企业的生产性设备，经主管税务机关核准，其折旧年限可以适当缩短，最短可为 3 年。

② 投资额超过 80 亿元人民币或集成电路线宽小于 0.25 微米的集成电路生产企业，可以减按 15% 的税率缴纳企业所得税，其中，经营期在 15 年以上的，从开始获利的年度起，第一年至第五年免征企业所得税，第六年至第十年减半征收企业所得税。

③ 对生产线宽小于 0.8 微米（含）集成电路产品的生产企业，经认定后，自获利

年度起，第一年和第二年免征企业所得税，第三年至第五年减半征收企业所得税。但已经享受自获利年度起企业所得税“两免三减半”政策的企业，不再重复执行本条规定。

（3）集成电路生产企业、封装企业税后利润再投资退税。

① 自2008年1月1日起至2010年年底，对集成电路生产企业、封装企业的投资者，以其取得的缴纳企业所得税后的利润直接投资于本企业增加注册资本，或作为资本投资开办其他集成电路生产企业、封装企业，经营期不少于五年的，按40%的比例退还其再投资部分已缴纳的企业所得税税款。再投资不满五年撤出该项投资的，追缴已退的企业所得税税款。

② 自2008年1月1日起至2010年年底，对国内外经济组织作为投资者，以其在境内取得的缴纳企业所得税后的利润，作为资本投资于西部地区开办集成电路生产企业、封装企业或软件产品生产企业，经营期不少于五年的，按80%的比例退还其再投资部分已缴纳的企业所得税税款。再投资不满五年撤出该项投资的，追缴已退的企业所得税税款。

5. 鼓励证券投资基金发展的优惠政策

（1）对证券投资基金从证券市场中取得的收入，包括买卖股票、债券的差价收入，股权的股息、红利收入，债券的利息收入及其他收入，暂不征收企业所得税。

（2）对投资者从证券投资基金分配中取得的收入，暂不征收企业所得税。

（3）对证券投资基金管理人运用基金买卖股票、债券的差价收入，暂不征收企业所得税。

6. 执行优惠政策时的注意事项

企业同时从事适用不同行业或区域所得税待遇项目的，其优惠项目应单独计算所得，并合理分摊企业的期间费用，计算享受所得税优惠的所得额；没有单独计算所得的，不得享受税收优惠。

凡生产经营项目适用不同税率和不同税收待遇的，按企业经营收入、职工人数或工资总额、资产总额等因素在各生产经营项目之间合理分配应纳税所得额。

## 六、特别纳税调整

特别纳税调整是指企业与其关联方之间的业务往来，不符合独立交易原则而减少企业或者其关联方应纳税收入或者所得额的，税务机关有权按照合理方法调整。企业与其关联方共同开发、受让无形资产，或者共同提供、接受劳务发生的成本，在计算应纳税所得额时应当按照独立交易原则（指没有关联关系的交易各方，按照公平成交价格和营业常规进行业务往来所遵循的原则）进行分摊。

因此，对于关联企业之间的业务必须做到以下几个方面。

（1）关联企业之间发生共同开发、受让无形资产，或者共同提供、接受劳务发生的成本，在计算应纳税所得额时应当按照独立交易原则进行分摊；企业与其关联方分摊成本时，应当按照成本与预期收益相配比的原则进行分摊，并在税务机关规定的期限内，按照税务机关的要求报送有关资料。倘若企业与其关联方分摊成本时违反售价、成本分摊规定的，其自行分摊的成本不得在计算应纳税所得额时扣除。

（2）企业可以向税务机关提出与其关联方之间业务往来的定价原则和计算方法，税务机关与企业协商、确认后，达成预约定价安排。

（3）企业向税务机关报送年度企业所得税纳税申报表时，应当就其与关联方之间的业务往来，附送年度关联业务往来报告表。具体附送年度关联业务往来报告表和有关资料如下。

① 与关联业务往来有关的价格、费用的制定标准、计算方法和说明等同期资料。

② 关联业务往来所涉及的财产、财产使用权、劳务等的再销售（转让）价格或者最终销售（转让）价格的相关资料。

③ 与关联业务调查有关的其他企业应当提供的与被调查企业可比的产品价格、定价方式以及利润水平等资料。

④ 其他与关联业务往来有关的资料。企业应当在税务机关规定的期限内提供与关联业务往来有关的价格、费用的制定标准、计算方法和说明等资料。关联方以及与关联业务调查有关的其他企业（指与被调查企业在生产经营内容和方式上相类似的企业）应当在税务机关与其约定的期限内提供相关资料。

若企业不提供与其关联方之间的业务往来资料，或者提供虚假、不完整资料，未能真实反映其关联业务往来情况的，税务机关有权依法核定其应纳税所得额。税务机关采用核定的方法为：参照同类或者类似企业的利润率水平核定；按照企业成本加合理的费用和利润的方法核定；按照关联企业集团整体利润的合理比例核定；按照其他合理方法核定。

企业对税务机关按照前款规定的方法核定的应纳税所得额有异议的，应当提供相关证据，经税务机关认定后，调整核定的应纳税所得额。

企业与其关联方之间的业务往来，不符合独立交易原则，或者企业实施其他不具有合理商业目的安排的，税务机关有权在该业务发生的纳税年度起十年内进行纳税调整。

## 七、征收管理与纳税申报

### （一）纳税期限和纳税申报

企业所得税按年计征，分月或者分季预缴，年终汇算清缴，多退少补。

企业所得税的纳税年度，自公历 1 月 1 日起至 12 月 31 日止。企业在一个纳税年度的中间开业，或者由于合并、关闭等原因终止经营活动，使该纳税年度的实际经营期不足十二个月的，应当以其实际经营期为一个纳税年度。企业清算时，应当以清算期间作为一个纳税年度。企业应当自月份或者季度终了之日起十五日内，向税务机关报送预缴企业所得税纳税申报表，预缴税款。

企业应当自年度终了之日起五个月内，向税务机关报送年度企业所得税纳税申报表，并汇算清缴，结清应交应退税款。

企业在报送企业所得税纳税申报表时，应当按照规定附送财务报告和其他有关资料。

此外，纳税申报应注意两点：其一，企业在纳税年度内无论盈利或者亏损，都应当依照《企业所得税法》第五十四条规定的期限，向税务机关报送预缴企业所得税纳税申报表、年度企业所得税纳税申报表、财务会计报告和税务机关规定应当报送的其他有关资料。其二，企业在年度中间终止经营活动的，应当自实际经营终止之日起六十日内，向税务机关办理当期企业所得税汇算清缴。

### （二）纳税地点

税法对居民企业和非居民企业的纳税地点分别进行了规定。

#### 1. 居民企业的纳税地点

居民企业以企业登记注册地为纳税地点；登记注册地在境外的，以实际管理机构所在地为纳税地点。居民企业在中国境内设立不具有法人资格的营业机构的，应当汇总计算并缴纳企业所得税

#### 2. 非居民企业的纳税地点

非居民企业取得的所得，以机构、场所所在地为纳税地点。

非居民企业在中国境内设立两个或者两个以上机构、场所的，经税务机关审核批准，可以选择由其主要机构、场所汇总缴纳企业所得税。非居民企业经批准汇总缴纳企业所得税后，需要增设、合并、迁移、关闭机构、场所或者停止机构、场所业务的，应当事先由负责汇总申报缴纳企业所得税的主要机构、场所向其所在地税务机关报告；需要变更汇总缴纳企业所得税的主要机构、场所的，依照前款规定办理。

非居民企业在中国境内未设立机构、场所的，或者虽设立机构、场所，但取得所得与其所设机构、场所没有实际联系的所得，以扣缴义务人所在地为纳税地点。

除国务院另有规定外，企业之间不得合并缴纳企业所得税。

# 第二节　企业所得税的筹划

企业所得税的筹划一般通过纳税人身份的确定、计税基础的纳税筹划、税收优惠政策的利用等方式进行筹划。

## 一、纳税人身份的确定

税法规定：企业所得税是对我国境内的企业和其他取得收入的组织的生产经营所得和其他所得所征收的一种税收。即企业所得税的纳税义务人是指在中华人民共和国境内的企业和其他取得收入的组织。即指依照中国法律、行政法规在中国境内成立的，除个人独资企业和合伙企业以外的公司、企业、事业单位、社会团体、民办非企业单位、基金会、外国商会、农民专业合作社以及取得收入的其他组织，均为企业所得税的纳税人。个人独资企业和合伙企业不缴纳企业所得税，而是执行个人所得税法，按个体工商户缴纳个人所得税。因此，当企业规模不大，正处于小规模企业，设立独资、合伙企业与一人公司对经营无差异时，应选择纳税人身份进行纳税筹划。

第一，企业纳税人在公司成立时，其身份的确定就决定了企业应该缴纳哪种税，但由于企业所得税税率根据企业规模不同，税率有 25% 和 20% 区别，而个人所得税的个体工商户生产经营所得采取的是五级超额累进税。因此，企业的年利润回报不同，就决定了企业缴纳哪一档税率，因此，在不同的情况下，企业所得税税率与个人所得税的个体工商户生产经营所得选择应缴纳哪一档税率的情况就不同，尤其在企业成立之初，企业投资者实现的利润一般不进行分配给投资者时，若当年纳税所得额在 4 万元及 4 万元以下时，采用企业所得税税率比采用个人所得税的个体工商户生产经营所得税税率计算的税额结果要多，则成立独资企业比一人公司节税；若当年纳税所得额在 5 万元至 30 万元以下，采用企业所得税税率比采用个人所得税的个体工商户生产经营所得税税率计算的税额结果要少，则成立一人公司比独资企业节税；若当年纳税所得额为 30 万元以上，采用企业所得税税率比采用个人所得税的个体工商户生产经营所得税税率计算的税额结果仍然要少，因此，成立一人公司比独资企业节税。

第二，当企业实现了净利润，提取了盈余公积后，投资者进行了未分配利润的分配，则无论年回报在何种程度，企业成立独资企业均比一人公司节税。

第三，该案例还未考虑老板个人的工资、薪金，若将个人的工资、薪金加进去，企业的税收情况还将会有所变化。当然，当企业规模扩大，一人公司可以通过股份制实现企业融资和规模化发展，独资企业却无法实现股份制，其发展易受到限制。

【例 6–2】长江公司是一家拥有 A、B 两家分公司的集团公司，20×× 年公司本部实现利润3000万元，其分公司A实现利润500万元，分公司B亏损300万元，该企业的所得税税率为25%，则该集团公司在2008年度应纳所得税额为800万元（(3000+500−300)×25%）。

如果上述A、B两家公司换成子公司，总体税收就发生了变化。假设A、B两家子公司的所得税税率仍为25%，则

公司本部应纳企业所得税=3000×25%=750（万元）

A公司应纳企业所得税=500×25%=125（万元）

B公司由于发生年度亏损，则该年度不应缴纳企业所得税。

那么，该集团公司20××年度汇总：

应纳企业所得税=750+125=875（万元）

在母子公司体制下，该集团应纳企业所得税比总分公司体制下多缴纳75万元（875−800）。

由上例可以看出：当总公司要在异地设立分公司或子公司时，要看总公司的税率与盈利情况，当总公司盈利，税率低于将要在异地设立分公司或子公司时的税率，这时企业应尽可能设立分公司，可以利用税法规定：居民企业在中国境内设立不具有法人资格的营业机构的，应当汇总计算并缴纳企业所得税。这样就可将分公司的纳税所得额并入总公司以低税率缴纳，比设立子公司按一般税率缴纳节约税收。另外，对于企业来说，在外地刚设立分公司往往费用大、易亏损，因此，设立分公司较为合算。但倘若为了融资或有其他经营目的，则应该设立子公司。

## 二、计税基础的纳税筹划

计税基础主要包括应税收入和扣除项目的筹划来减少计税基础。

对收入进行筹划，主要是利用税收优惠政策，如投资于企业以《资源综合利用企业所得税优惠目录》规定的资源作为主要原材料，生产非国家限制和禁止并符合国家和行业相关标准的产品取得的收入，减按90%计入收入总额。

对扣除费用项目进行筹划，主要是利用会计处理方法的选择（加速折旧，存货计价方法）、大修理费用与日常维护费用标准的选择（大修理费用作为长期待摊费用处理资本化；日常维护费用直接税前扣除）、增加税前费用（研发费用的加计扣除；安置残疾人员和国家鼓励安置人员的工薪加计扣除等）来达到扣除费用增大的目的。

### （一）投资项目的选择

【例6-3】某机械设备制造生产企业近几年企业的生产和经营形势比较好，于是董事会决定扩大生产规模。现有甲、乙两个投资项目可供投资者选择，经测算，其投资情况和几年投资收益（包括利润和折旧额）情况如表6-1所示。

表 6–1　投资情况和几年投资收益（包括利润和折旧额）情况

| 时间 | 项目甲 | 项目乙 |
|---|---|---|
| 第一年年初 | 投资 1500 | 投资 1500 |
| 第二年年初 | 投资 1000 | 投资 1000 |
| 第三年年初 | 建成投产 | 建成投产 |
| 第三年年末 | 投资收益 1600 | 投资收益 1300 |
| 第四年年末 | 投资收益 1400 | 投资收益 1200 |
| 第五年年末 | 投资收益 1200 | 投资收益 1000 |
| 第六年年末 | 投资收益 800 | 投资收益 650 |

假设各项目的报废残值、年折旧额、投资回收期大体一致。银行利率为 5%，甲项目的企业所得税税率为 25%。乙项目的企业所得税税率为 15%。现对甲、乙两个项目做出决策。

由于其他情况基本一致，只要比较税后收益净现值即可。

项目甲投资现值为第一年投资的 1500 万元，加上第二年投资的 1000 万元，换算成现值为

$1000 \div (1+5\%)=952$（万元），即 2452 万元。

项目甲投资收益现值为

$[1600 \div (1+5\%)^3+1400 \div (1+5\%)^4+1200 \div (1+5\%)^5+800 \div (1+5\%)^6] \times (1-25\%)=3054$（万元）

因此，项目甲投资净现值为 602 万元（3054–2452）。

同理，项目乙投资现值也为 2452 万元，而投资收益值为

$[1300 \div (1+5\%)^3+1200 \div (1+5\%)^4+1000 \div (1+5\%)^5+650 \div (1+5\%)^6] \times (1-15\%)=2872$（万元）

因此，项目乙投资净现值为 420 万元（2872–2452）。

通过计算比较，可以看出：项目甲投资收益要高于项目乙，尽管项目乙的企业所得税税率比项目甲低，但是由于二者的企业所得税税率差异未抵过投资收益，因此，应该选择项目甲。

注意：若项目甲置于 2007 年企业所得税税率为 33%，项目乙的企业所得税税率为 15% 或项目乙可获得免税优惠，则计算出结果应该选择项目乙。

分析如下。

项目甲投资现值为第一年投资的 1500 万元，加上第二年投资的 1000 万元，换算成现值为

$1000 \div (1+5\%)=952$（万元），即 2452 万元。

项目甲投资收益现值为

$[1600 \div (1+5\%)^3+1400 \div (1+5\%)^4+1200 \div (1+5\%)^5+800 \div (1+5\%)^6] \times (1-33\%)=2728.24$（万元）

因此，项目甲投资净现值为 276.24 万元（2728.24−2452）。

同理，项目乙投资现值也为 2452 万元，而投资收益值为

$[1300 \div (1+5\%)_3+1200 \div (1+5\%)^4+1000 \div (1+5\%)^5+650 \div (1+5\%)^6] \times (1-15\%)=2872$（万元）

因此，项目乙投资净现值为 420 万元（2872−2452）。

可见，项目甲的企业所得税税率为 33%，项目乙的企业所得税税率为 15%，尽管项目甲投资收益比项目乙多，但由于两个企业所得税税率差异抵过投资收益，因此，应该选择项目乙。

由上例可以看出：

第一，若项目甲置于 2007 年企业所得税税率为 33%，项目乙的企业所得税税率为 15% 或乙项目可获得免税优惠，则计算出结果应该选择项目乙。

第二，企业进行项目投资，初步印象很容易用税率高低判断。当税率低带来的税收收益高过投资回报时，就可以选择税率低的项目。但是，当企业所得税税率差异未抵过投资收益时，就不能单凭税率高低决策，还要根据未来的投资回报，以及宏观形势等多方面因素决策。

第三，企业投资项目的选择进行纳税筹划的基本思路要尽可能选择低税率，尤其在税收收益产生的情况下，要通过加工方式或经营方式的转换，将关联企业税率高的利润转移到税率低的关联企业中，这样来实现税率低的企业利润多，税率高的企业利润少，从而实现集团总税收的节约。

第四，企业在现行税法中，要充分利用国家对节能环保项目的税收优惠、高新技术企业的税收优惠来进行纳税筹划，如对经济特区和上海浦东新区内在 2008 年 1 月 1 日（含）之后完成登记注册的国家需要重点扶持的高新技术企业，在经济特区和上海浦东新区内取得的所得，自取得第一笔生产经营收入所属纳税年度起，第一年至第二年免征企业所得税，第三年至第五年按照 25% 的法定税率减半征收企业所得税。这就是利用这个过渡政策，使得该企业通过筹划既可以为人类造福，又可以给企业扬名创利，实现的是一个双赢的策略。

### （二）筹资项目的筹划

企业进行筹资除对外要求股东追加投资，向银行借贷或向社会发行有价证券外，有些企业若通过上述这些手段无法筹集到资金，可能会向职工集资，并且集资的利率高于银行利率，即将企业利益让利给职工。但在让利的过程中往往会发生税金的负担，那么，企业如何筹划才能使企业和职工的税负降到最低了。

【例 6−4】某实业有限公司现有职工 400 人，人均月工资 1500 元。当年度向职工集资，人均 30 000 元，年利率为 9%。假定同期同类银行贷款利率为 5%，当年度税前会计利润额为 300 000 元，假定企业除利息要调整外无其他事项的调整。

因为同期同类银行贷款利率超过可扣除标准，根据税法规定，对于超支利息应调增应纳税所得额为

$$30\,000\times 400\times (9\%-5\%)=480\,000（元）$$

该企业应纳企业所得税为

$$(300\,000+480\,000)\times 25\%=195\,000（元）$$

应代扣代缴个人所得税为

$$30\,000\times 400\times 9\%\times 20\%=216\,000（元）$$

如果该公司采取将职工的名义集资利率降为5%，把降低的利息通过提高职工奖金或工资的方式来解决的方案，那么，虽然职工的名义集资利率降了下来，但是个人毛收入不但没有减少，反而因集资利息的应纳税所得额的降低，使得个人的税后收益增加。对企业来说，集资利息未超过同期同类银行贷款利息，可以获得全额扣除。

因此，该公司可以将集资利率降为5%，而将减少的利息部分480 000元（30 000×400×(9%−5%)）按人按月分摊，每人每月增加工资或奖金100元（480 000÷400×1÷12），增加后人均月工资达到1600元，仍未超过个人所得税工资费用扣除标准。

将利息费用转移为工资费用后，企业职工集资利息可全额扣除，具体如下。

（1）企业应纳企业所得税额减少了120 000元（480 000×25%）。

（2）应代扣代缴个人所得税减少了96 000元（480 000×20%），职工人均月应纳税减少额为20元（96 000÷(400×12)）。

显而易见，调整了集资利率，使企业税后收益增加了120 000元，达到了节税的目的，而每一个企业职工的月税后收益也增加了20元，得到了一定的实惠。

由上例可以看出：

第一，企业集资要特别注意的是，企业之间资金拆借或个人资金拆借不能违背国家金融纪律和税法规定。税法规定："非金融企业向非金融企业借款的利息支出，不超过按照金融企业同期同类贷款利率计算的数额的部分。"

第二，关联企业之间资金拆借，企业实际支付给关联方的利息支出可以税前扣除，除符合上述规定外，其接受关联方债权性投资与其权益性投资比例必须为：金融企业为5 ∶ 1；其他企业为2 ∶ 1。

第三，企业如果能够按照税法及其实施条例的有关规定提供相关资料，并证明相关交易活动符合独立交易原则的；或者该企业的实际税负不高于境内关联方的，其实际支付给境内关联方的利息支出，在计算应纳税所得额时准予扣除。

第四，企业同时从事金融业务和非金融业务，其实际支付给关联方的利息支出，应按照合理方法分开计算；没有按照合理方法分开计算的，一律按照有关其他企业的比例计算准予税前扣除的利息支出。

此外，对于企业自关联方取得的不符合规定的利息收入，应按照有关规定缴纳企业所得税。

## （三）税收优惠政策的利用

所得税的优惠政策包括以下几个方面

（1）加计扣除税前费用，即：①企业为开发新技术、新产品、新工艺发生的研究开发费用，未形成无形资产计入当期损益的，在按照规定实行 150% 税前加计扣除；② 企业安置残疾人员的，在按照支付给残疾职工工资的 100% 扣除基础上，按照支付给上述人员工资的 100% 加计扣除；安置国务院规定鼓励安置并享受税收优惠的其他就业人员的，自安置就业所属纳税年度起 3 年内，在按照支付给上述人员工资的 100% 扣除基础上，按照支付给上述人员工资的 50% 加计扣除。

（2）加速折旧。

（3）资源综合利用减计收入。

（4）创业投资企业减免纳税所得额以及所得税额抵免项目等。

企业应该利用这些政策进行纳税筹划。

【例 6-5】长江实业公司是 2000 年年初开办的民营企业，主要生产环保节能设备，经过几年的运行，公司的主打产品为企业的盈利做出了突出的贡献。但是近年来企业的销售增长率趋缓，盈利水平也越来越低。经过市场调查，发现本企业的产品在市场上的地位逐渐下降，市场上出现了更先进的产品。

针对这个情况，2003 年年末，公司董事会经过反复研究，决定从 2004 年开始，利用三年的时间投资 2100 万元，计划每年投资 700 万元对企业的产品进行技术改造和技术开发。

企业筹划：

2004 年年初，公司就开始着手落实公司董事会的技术开发方案。

2004 年 4 月，注册税务师王成接受委托，到该公司帮助企业进行所得税汇算清缴。在进行具体的税务评估时，王成看到了公司的技术开发方案。在征得公司负责人的同意后，他对技术开发方案的有关情况进行了调查和测算。

公司 2003 年度技术开发费为零，当地企业所得税的适用税率为 33%，如果公司 2004—2006 年每年安排技术开发费 700 万元，预计每年加计扣除技术开发费前的应纳税所得额为 4000 万元。

如果按照董事会的方案，2004—2006 年长江实业公司应交的企业所得税为：

2004 年，长江实业公司技术开发费比 2003 年增长 100%( 超过 10% )，允许再按技术开发费实际发生额的 50% 抵扣当年度的应纳税所得额，其应交企业所得税 1204.5 万元（(4000−700 × 50%) × 33% )。

由于 2005 年和 2006 年技术开发费支出金额相同，即增长率为零，长江实业公司不得加计扣除，其应交企业所得税 1320 万元（4000×33%）。

三年合计应交企业所得税 3844.5（1204.5+1320×2）万元。

注册税务师王成认为：公司将技术开发费用的列支在三年中平均分摊，未必是最佳的投资方案。于是他对公司技术开发的具体情况做了调查，同时，请有关技术专家对该企业的设备运行情况进行了一次完整的技术分析。他发现：公司的技术开发部门的力量相对年轻，技术上有一个提高过程的要求；该企业的技改项目也可以适当调整。于是，他向公司董事会提出如下建议：2004—2006 年分别安排技术开发费 600 万元、700 万元、800 万元。根据测算和技术论证，采用这个方案并不影响企业的生产进度。

方案调整之后，对公司的税收负担有什么影响呢？下面不妨再做一个测算：公司在此之前由于未进行任何技术开发，没有发生技术开发费，所以：

2004 年长江实业公司技术开发费比 2003 年增长 100%。

2005 年增长 16.67%（（700−600）÷600×100%）。

2006 年增长 14.29%（（800−700）÷700×100%）。

三年中的每一年技术开发费均比上年超过 10%，每年都允许再按技术开发费实际发生额的 50% 抵扣当年度的应纳税所得额。这样，2004—2006 年，长江实业公司年应交的企业所得税为

2004 年应交企业所得税 =（4000−600×50%）×33%=1221（万元）

2005 年应交企业所得税 =（4000−700×50%）×33%=1204.5（万元）

2006 年应交企业所得税 =（4000−800×50%）×33%=1188（万元）

三年合计应交企业所得税 =1221+1204.5+1188=3613.5（万元）

通过技术方案的调整，使公司少缴企业所得税 231（3844.5−3613.5）万元。

在 2007 年下半年年初预计该企业实现税前利润 4000 万元，发生研发费 400 万元，2008 年上半年年末该企业预计 2008 年将实现税前利润 5000 万元，2008 年收入 25 000 万元，2006—2008 年三年的收入 45 000 万元，该企业本来在 2008 年没有研发费用计划和项目，但财务总监却要求企业进行科技立项，将企业的骨干以及业务技术人员的工薪、相关的设备购买及出差费用等以调研名义列入科研预算计划中，达到 150 万元。董事会问理由何在，财务总监作答如下。

第一，本企业属于生产环保设备，产品属于高新企业技术服务领域，企业的科技人员比例、高新技术产品和服务收入占总收入的比例均达标。

第二，现在就差研发费用的比例。

由于统计出来，本企业近三年的收入，即 2006—2008 年三年的收入 45 000 万元；按照高新企业的申请条件：最近一年销售收入在 20 000 万元以上的企业，近三年研发费用占近三年收入比例不低于 3%，按照 2006—2008 年三年的收入 45 000 万元的 3% 即为 1350 万元，即 2006—2008 年三年本企业的科研开发费用必须达到 1350 万元，而

2006—2007年科研开发费用为800+400=1200万元，所以2008年必须达到150万元，才符合高新技术企业的申请条件。

第三，申请到高新技术企业及增加研发费用带来的税收收益如下。

由于研发费用带来的税收收益为150×50%×15%=11.25(万元)

由于高新技术企业税率降低带来的税收收益为5000×(25%–15%)=500(万元)

共计税收收益为11.25+500=511.25(万元)

由此可见，纳税筹划是名利双收。

通过该例子可以看出：

第一，长江实业公司首先是利用“企业为开发新技术、新产品、新工艺发生的研究开发费用，未形成无形资产计入当期损益的，在按照规定实行100%扣除基础上，按照研究开发费用的50%加计扣除；形成无形资产的，按照无形资产成本的150%摊销”的规定进行了研究开发费用调整的纳税筹划（2006年以前税收政策规定，当年研究开发费用在税前按150%扣除的条件，其一，必须是盈利的制造业企业；其二，当年的研究开发费用必须比上年增长10%），从而使企业节约了231万元。

第二，长江实业公司在2008年又充分利用高新技术企业申请条件，在2008年追加150万元的研究开发费用，从而使企业满足高新技术申请条件，实现的纳税所得额一方面可享受按15%税率计算，另一方面税前可增大扣除研究开发费用75万元（150×50%），从而带来税收收益511.25万元。

第三，企业在日常核算时应注意开发新技术、新产品、新工艺发生的研究开发费用的认定条件，单独归集核算，并归档保存相关证明材料，以便能充分享受加计扣除的优惠政策。

【例6–6】利润分配时机的选择

A公司于20×8年2月20日以银行存款900万元投资于B公司，占B公司股本总额的70%，B公司当年获得税后利润500万元。A公司的企业所得税税率为25%，B公司的企业所得税税率为15%。公司可以用两个方案来处理这笔利润。

方案一：20×9年3月，B公司董事会决定将税后利润的30%用于分配，A公司分得利润105万元。20×9年9月，A公司将其拥有的B公司70%的股权全部转让给B公司，转让价为人民币1000万元，转让过程中发生税费0.5万元。

方案二：B公司保留盈余不分配。20×9年9月，A公司将其拥有B公司70%的股权全部转让给B公司，转让价为人民币1105万元，转让过程中发生税费0.5万元。

试问：A公司选择哪种方案筹划？

方案一：

假设A公司20×9年度内部生产、经营所得100万元。

（1）A公司经营所得应缴纳的企业所得税=100×25%=25(万元)

（2）A公司分得股息收益105万元，免缴所得税。

（3）转让所得 =1000–900–0.5=99.5（万元）

应纳税额 =99.5×25%=24.875（万元）

因此，A 公司 20×9 年合计应纳所得税额为 49.875（25+24.875）万元。

A 公司税后的收益 =(100–25)+105+(99.5–24.875)=254.625（万元）

方案二：

（1）生产、经营所得应纳税额 25 万元。

由于 B 公司保留盈余不分配，从而导致股息和资本利得发生转化，即当被投资企业有税后盈余而发生股权转让时，被投资企业的股价就会发生增值，如果此时发生股权转让，这个增值实质上就是投资人在被投资企业的股息转化为资本利得。因此，企业保留利润不分配，才会导致股权转让价格升高。这种收益应全额并入企业的应纳税所得额，依法缴纳所得税。

（2）A 公司资本转让所得 204.5(1105–900–0.5) 万元，应纳税所得额 51.125 (204.5×25%) 万元。

A 公司 20×9 年合计应纳所得税额 76.125(25+51.125) 万元。

A 公司税后的收益 =(100–25)+(204.5–51.125)=228.375（万元）

故应选择方案一：先进行利润分配后再转让。

通过本案例可以看出：

第一，方案二相比方案一来说，由于前者股息没分配，企业进行股权转让的价格抬高，抬高的部分多缴了企业所得税。

第二，方案一得益于新税法投资人 A 公司从被投资企业 B 公司分得的股息是免税的（旧税法中投资人 A 公司从被投资企业 B 公司分得的股息就必须补税），因此，可以使用这种方案筹划。

# 第三节　企业所得税的会计处理

## 一、所得税会计概述

我国所得税会计采用资产负债表债务法，要求企业从资产负债表出发，通过比较资产负债表上列示的资产、负债，按照会计准则确定的账面价值与按照税法确定的计税基础，对于两者之间的差异分别应纳税暂时性差异与可抵扣暂时性差异，确认相关的递延所得税资产与递延所得税负债，并在此基础上确定每一会计期间利润表中的所得税费用。

### （一）资产负债表债务法

资产负债表债务法是从资产负债表出发，分析计算各项资产、负债的计税基础，通过比较资产、负债的账面价值与其计税基础之间的差异，确认相关的递延所得税资产、递延所得税负债及利润表中所得税费用的处理程序和方法。

资产负债表债务法较为完整地体现了资产负债观，在所得税的会计核算方面贯彻了资产、负债的定义要求。从资产负债表角度考虑，资产的账面价值代表的是企业在持续使用及最终处置某项资产的一定期间内，该项资产为企业带来的经济利益时计入费用的金额，即未来会计费用的总额；而其计税基础代表的是在这一期间内，就该项资产按照税法规定可以税前扣除的金额，即未来计税费用的总额。一项资产的账面价值小于其计税基础的，表明该项资产于未来期间的会计费用低于按照税法规定的计税费用，产生可抵减未来期间的应纳税所得额的因素，减少未来期间以应交所得税的方式流出企业的经济利益，从其产生的时点看，应确认为资产。反之，一项资产的账面价值大于其计税基础，二者之间的差额将会于未来期间产生应税金额，增加未来期间的应纳税所得额及应交所得税，对企业形成经济利益流出的义务，应确认为负债。

### （二）所得税会计的核算程序

#### 1. 确定除递延所得税资产、递延所得税负债以外的其他资产和负债项目的账面价值

其中，资产、负债的账面价值是指企业按照相关会计准则的规定进行核算后在资产负债表中列示的金额。对于计提减值准备的各项资产，是指其账面价值减去减值准备后的金额。

#### 2. 确定资产、负债的计税基础

按照企业会计准则中对于资产和负债的计税基础的确定方法，以适用的税收法规为基础，确定资产负债表中有关资产、负债项目的计税基础。

#### 3. 确定暂时性差异及递延所得税

暂时性差异是指资产、负债项目的账面价值与其计税基础之间的差异。对于暂时性差异，除会计准则中规定的特殊情况外，分别应纳税暂时性差异与可抵扣暂时性差异并乘以所得税税率，确定资产负债表日递延所得税负债和递延所得税资产的应有余额，并与期初递延所得税负债和递延所得税资产的余额对比，确定当期应予进一步确认的递延所得税资产和递延所得税负债金额或应予转销的金额，作为递延所得税。

#### 4. 确定当期所得税

按照税法的规定，计算确定当期应纳税所得额，将应纳税所得额与适用的所得税税率计算的结果确认为当期应交所得税。

#### 5. 确定利润表中的所得税费用

利润表中的所得税费用包括当期所得税费用和递延所得税费用两个组成部分，企

业在计算确定了当期所得税费用和递延所得税费用（或收益）后，二者之和（或之差）即为利润表中的所得税费用。

## 二、资产、负债的计税基础

### 1. 资产的计税基础

从所得税角度考虑，某一单项资产产生的所得是指该项资产产生的未来经济利益流入扣除其取得成本的金额。所谓资产的计税基础，是指企业收回资产账面价值过程中，计算应纳税所得额时按照税法规定可以自应税经济利益中抵扣的金额。即

资产的计税基础=资产在未来期间计税时准予税前列支的金额

资产在初始计量时以历史成本为基础，而计税基础通常为其取得成本，因此，资产初始计量时的账面价值与其计税基础是一致的。资产在后续计量过程中，资产负债表日资产的计税基础等于成本减去以前期间已税前列支的金额。因为企业会计准则规定与税法规定不同，可能造成账面价值与计税基础的差异。下面举例说明部分资产项目计税基础的确定。

（1）以公允价值计量且其变动计入当期损益的金融资产。按照《企业会计准则第22号——金融工具确认和计量》的规定，以公允价值计量且其变动计入当期损益的金融资产于某一会计期末的账面价值为该时点的公允价值；而税法规定该资产在持有期间公允价值变动不计入应纳税所得额，待处置时一并计算应计入应纳税所得额的金额，该类金融资产在某一会计期末的计税基础为其取得成本，从而造成在公允价值变动的情况下，该类金融资产的账面价值与计税基础的差异。

企业持有的可供出售金融资产计税基础的确定，与以公允价值计量且其变动计入当期损益的金融资产类似，可比照处理。

【例6-7】甲企业于20××年10月20日自公开市场取得一项权益性投资，支付价款3000万元，作为交易性金融资产核算，20××年12月31日，该项权益性投资的市价为3500万元。

按照企业会计准则的规定，该项交易性金融资产应按公允价值计价，20××年年末账面价值应调增至3500万元。税法规定，资产的计税基础应维持其取得时的成本不变，即该项交易性金融资产的计税基础仍为3000万元，计税基础与其账面价值之间存在暂时性差额500万元。

（2）固定资产。固定资产在取得时按照会计准则规定确定的入账价值基本上是被税法认可的，即取得时其账面价值一般等于计税基础。固定资产在持有期间进行后续计量时，由于会计与税法规定就折旧方法、折旧年限以及固定资产减值准备的提取等不同，可能造成固定资产的账面价值与计税基础的差异。会计准则与税法的差异主要集中在以下几个方面

① 折旧年限的不同形成的差异。企业会计准则并未规定固定资产的具体折旧年限，企业应根据固定资产为企业带来经济利益的期限自行估计确定其折旧年限，而税法通常会规定每一类别固定资产的折旧年限，会计折旧年限与计税折旧年限的不同会直接导致固定资产账面价值与其计税基础之间的差异。

② 折旧方法的不同形成的差异。会计企业准则规定，企业可以根据固定资产经济利益的实现方式合理选择折旧方法，如可以采用平均年限法、工作量法等直线法计提折旧，也可以采用双倍余额递减法、年数总和法等加速折旧法计提折旧。而税法一般会规定固定资产的折旧方法，除某些特殊固定资产可以采用加速折旧法外，基本上可以税前扣除的是按照直线法计提的折旧。

③ 因计提固定资产减值准备形成的差异。会计准则规定，如果固定资产的期末可收回金额小于其原账面价值，应通过计提减值准备将其账面价值减记至未来应收金额，但是，税法并不认可因计提减值准备而形成的损失，资产的计税基础不会随资产减值准备的提取而发生变化，从而形成固定资产账面价值与其计税基础之间的差异。

【例 6-8】甲企业于 20×× 年 12 月 10 日购置了一套计算机系统，原价为 500 万元，使用年限为 10 年，会计上采用直线法计提折旧，预计净残值为零。假定税法规定该类计算机系统采用加速折旧法计提的折旧可予税前扣除，企业在计税时可以采用双倍余额递减法计列折旧。20×× 年 12 月 31 日，企业对该项固定资产计提了 40 万元的固定资产减值准备。

20×× 年 12 月 31 日，该项固定资产的账面价值 =500−50×2−40=360 万元；该项固定资产的计税基础 =500−( 100+80 )=320 万元，该金额即为按照税法规定可以自未来期间的经济利益中抵扣的金额。固定资产账面价值 360 万元与计税基础 320 万元之间存在 40 万元的暂时性差额。

（3）无形资产。无形资产在取得时按照会计准则规定确定的入账价值基本上是被税法认可的，即取得时其账面价值一般等于计税基础。无形资产在后续计量时，会计准则与税法之间的差异主要产生于无形资产是否需要摊销及无形资产减值准备的提取。

按照企业会计准则的规定，无形资产取得后，应根据其使用情况，区分使用寿命有限的无形资产与使用寿命不确定的无形资产，对于使用寿命不确定的无形资产，不要求摊销，但在持有期间每年应进行减值测试。税法规定，企业取得的无形资产成本应在一定期限内摊销。即税法中没有界定使用寿命不确定的无形资产，所有的无形资产成本均应在一定期间内摊销。

对于使用寿命不确定的无形资产，会计处理时不予摊销，但计税时其按照税法规定确定的摊销额允许税前扣除，造成该类无形资产的账面价值与计税基础的差异。

在对无形资产计提减值准备的情况下，因税法对按照会计准则规定计提的无形资产减值准备在形成实质性损失前不允许税前扣除，即无形资产的计提基础不会随减值准备的提取发生变化，但其账面价值会因资产减值准备的提取而下降，从而造成无形资产的账面价值与计税基础的差异。

【例 6-9】甲企业于 20××年年初购置了一项无形资产，取得成本为 160 万元，根据各方面情况判断，甲企业无法合理预计其为企业带来经济利益的期限，将其视为使用寿命不确定的无形资产，不予摊销。按税法规定，该类无形资产应按不短于 10 年的期限摊销。

20××年 12 月 31 日，在未发生减值的情况下，该项无形资产的账面价值仍为 160 万元，而其计税基础 =160–16=144 万元，无形资产账面价值与计税基础存在暂时性差额 16 万元。

（4）投资性房地产。按照企业会计准则规定，当投资性房地产所在地有活跃的房地产交易市场，而且企业能够从房地产交易市场上取得同类或类似房地产的市场价格及其他相关信息，从而对投资性房地产的公允价值做出合理的估计时，可以对投资性房地产按照公允价值进行后续计量。对于采用公允价值模式进行后续计量的投资性房地产，其期末账面价值为公允价值，而税法并不认可该类资产在持有期间因公允价值变动产生的利得或损失，投资性房地产的计税基础应以取得时支付的历史成本为基础计算确定，从而造成账面价值与计税基础之间的差异。

【例 6-10】甲企业于 20××年年初将一幢旧办公楼出租给乙企业使用。该办公楼的原价为 2000 万元，预计使用年限为 40 年，已提折旧 850 万元，假定办公楼的折旧年限会计规定与税法一致。出租后甲企业将此办公楼作为投资性房地产核算。假定能够持续可靠取得该投资性房地产的公允价值信息，甲企业选择公允价值对该投资性房地产进行后续计量。假定 20××年 12 月 31 日该投资性房地产的公允价值为 2150 万元。

20××年 12 月 31 日，该投资性房地产的账面价值等于其公允价值 2150 万元；其计税基础为成本 2000 万元扣除折旧额 850 万元后的余额 1150 万元，账面价值与计税基础之间存在暂时性差额 1000 万元。

（5）其他计提了减值准备的各项资产。除固定资产、无形资产外，其他各项资产在会计期末也可能计提了减值准备，如坏账准备、存货跌价准备、长期股权投资减值准备、持有至到期投资减值准备等。对计提了减值准备的各项资产，其账面价值会随之下降，而按照税法规定，资产减值损失在转化为实质性损失之前，不允许税前扣除，即其计税基础不会因减值准备的提取而发生变化，仍然是取得时的历史成本，从而造成资产的账面价值与其计税基础之间的差异。

值得注意的是，资产的计税基础是可以自应税经济利益中抵扣的金额。如果收回资产账面价值时，相关经济利益本身无须纳税，则该资产的计税基础即为其账面价值。例如，应收国债利息的账面价值为 100 万元，由于国债利息免征企业所得税，因此，该应收项目的计税基础为 100 万元。

2. 负债的计税基础

负债的计税基础，是指负债的账面价值减去未来期间计算应纳税所得额时按照税法规定可予抵扣的金额。即

负债的计税基础=该负债的账面价值–未来可税前列支的金额

通常情况下，负债的确认和偿还不会对当期损益和应纳税所得额产生影响，未来期间计算应纳税所得额时按照税法规定可予抵扣的金额为零，其计税基础即为账面价值。

在某些情况下，负债的确认可能会影响损益，并影响不同期间的应纳税所得额，使其计税基础与账面价值之间产生差额，如按照会计准则确认的某些预计负债。下面举例说明部分负债项目计税基础的确定。

例如应付职工薪酬，企业会计准则规定，企业为获得职工提供的服务所给予的各种形式的报酬以及其他相关支出均应作为企业的成本费用，在未支付之前确认为负债。税法中对于职工薪酬基本允许税前扣除，但税法中明确规定了税前扣除标准的，按照会计准则规定计入成本费用支出的金额超过规定标准部分，应进行纳税调整。

## 三、递延所得税负债和递延所得税资产的确认与计量

资产、负债的账面价值与其计税基础之间的暂时性差异引起所得税的递延。递延所得税包括递延所得税负债和递延所得税资产。其中，递延所得税负债是指根据应纳税暂时性差异和适用税率计算的未来期间应交的所得税金额；递延所得税资产是指根据可抵扣暂时性差异和适用税率计算的未来期间可少交的所得税金额。

### （一）递延所得税负债的确认与计量

1. 递延所得税负债的确认

（1）递延所得税负债确认的一般原则。企业在确认因应纳税暂时性差异产生的递延所得税负债时，应遵循以下原则：除企业会计准则明确规定不确认递延所得税负债的情况以外，对于所有应纳税暂时性差异，均应确认相关的递延所得税负债。在确认递延所得税负债的同时，如果交易或事项发生时影响会计利润或应纳税所得额的，应增加利润表中的所得税费用；如果交易或事项的结果直接计入所有者权益，其递延所得税影响应减少所有者权益；如果是企业合并交易，相关的递延所得税影响应调整购买日应确认的商誉或是计入当期损益的金额。

（2）不确认递延所得税负债的特殊情况。有些情况下，虽然资产、负债的账面价值与其计税基础不同，产生了应纳税暂时性差异，但出于各方面考虑，所得税准则中规定不确认相应的递延所得税负债，主要包括以下几种情况。

① 商誉的初始确认。对于非同一控制下的企业合并，购买方支付的合并成本大于

所取得的被购买方可辨认净资产公允价值的差额，确认为商誉。从目前适用的税收法规看，税法对于企业改组类型的划分与会计规定有所不同，税法主要考虑改组过程中所收到的非股权支付额（即货币资金收付量）的比例，以防止征税因素给企业增加额外负担，阻碍改组的进行。当税法规定作为免税改组的情况下，并不认可商誉的价值，即从税法角度看，商誉的计税基础为零，商誉的账面价值与计税基础之间的差额形成应纳税暂时性差异。但是，该项差异不应确认相关的递延所得税负债。原因在于商誉本身即是企业合并成本在所取得的被购买方可辨认资产、负债之间进行分配后的剩余价值，确认递延所得税负债会进一步增加商誉的账面价值，并且商誉账面价值的增加又会形成新的暂时性差异，使得递延所得税负债和商誉价值量的变化不断循环。因此，对于企业合并中产生的商誉，其账面价值与计税基础不同形成的暂时性差异，不确认相关的递延所得税负债。

② 除企业合并以外的其他交易中，如果交易发生时既不影响会计利润，也不影响应纳税所得额，则由资产、负债的初始确认所产生的递延所得税负债不予确认。

③ 与联营企业、合营企业的投资相关的应纳税暂时性差异产生的递延所得税负债，同时满足以下两个条件时不予确认：第一，投资企业能够控制暂时性差异转回的时间；第二，该暂时性差异在可预见的未来很可能不会转回。其原因在于，同时满足上述两个条件时，投资企业可能运用自身的影响力决定暂时性差异的转回，如果不希望其转回，则在可预见的未来该项差异即不会转回，从而无须确认相应的递延所得税负债。

2. 递延所得税负债的计量

所得税准则规定，资产负债表日，对于递延所得税负债，应当根据适用税法规定，按照预期收回该资产或清偿该负债期间的适用税率计量。即在计量递延所得税负债时，应以相关应纳税暂时性差异转回期间按照税法规定适用的所得税税率计量。

无论应纳税暂时性差异的转回期间如何，准则中规定递延所得税负债不要求折现。对递延所得税负债进行折现，企业需要对相关的应纳税暂时性差异进行详细的分析，确定其具体的转回时间表，并在此基础上，按照一定的利率折现后确定递延所得税负债的金额。在实务中，要求企业进行类似的分析工作量较大，包含的主观因素较多，且在很多情况下无法合理确定暂时性差异的具体转回时间，准则中规定递延所得税负债不予折现。

### （二）递延所得税资产的确认与计量

1. 递延所得税资产的确认

递延所得税资产确认的一般原则。企业在确认由可抵扣暂时性差异产生的递延所得税资产时，应当以未来期间很可能取得用来抵扣可抵扣暂时性差异的应纳税所得额为限。如果未来期间无法产生足够的应纳税所得额用以抵减可抵扣暂时性差异的影响，使得与递延所得税资产相关的经济利益无法实现的，则不应确认相关的递延所得税资产。企业在确定未来期间很可能取得的应纳税所得额时，包括未来期间企业正常生产经营活动实现的应纳税所得额，以及在可抵扣暂时性差异转回期间因应纳税暂时性差异的转回增加的应纳税所得额，并应提供相关的证据。

在确认递延所得税资产的同时，如果交易或事项发生时影响会计利润或应纳税所得额的，应减少利润表中的所得税费用；如果交易或事项的结果直接计入所有者权益，其递延所得税影响应增加所有者权益；如果是企业合并交易，按照会计准则确定的合并中取得各项可辨认资产、负债的入账价值与其计税基础之间形成可抵扣暂时性差异的，其所得税影响应调整合并中应予确认的商誉或是计入当期损益的金额。

2. 递延所得税资产的计量

（1）适用税率的确定。企业在确认递延所得税资产时，应当根据税法规定按照预期收回该资产期间的适用税率对于递延所得税资产进行计量，递延所得税资产的金额不考虑折现因素。适用税率如果发生变化，应对已确认的递延所得税资产进行重新计量，除直接在所有者权益中确认的交易或者事项产生的递延所得税资产以外，应当将其影响数计入变化当期的所得税费用。

（2）递延所得税资产的减值。所得税准则规定，资产负债表日，企业应当对递延所得税资产的账面价值进行复核。如果未来期间很可能无法获得足够的应纳税所得额用以抵扣递延所得税资产的利益，应当减记递延所得税资产的账面价值。除原确认时计入所有者权益的递延所得税资产，其减记金额亦应计入所有者权益外，其他情况下应增加当期的所得税费用。

因无法取得足够的应纳税所得额，利用可抵扣暂时性差异而减记递延所得税资产账面价值的，继后期间根据新的环境和情况判断能够产生足够的应纳税所得额，利用可抵扣暂时性差异，使得递延所得税资产包含的经济利益能够实现的，应相应恢复递延所得税资产的账面价值。

值得注意的是，无论是递延所得税资产还是递延所得税负债的计量，均不考虑资产负债表日企业预期收回资产或清偿负债方式的所得税影响，在计量递延所得税资产和递延所得税负债时，应当采用与收回资产或清偿负债的预期方式相一致的税率和计税基础。

# 第七章　税务会计基本板块——个人所得税纳税筹划

## 第一节　个人所得税概述

### 一、个人所得税的纳税人及所得来源地的判定

个人所得税的纳税人包括中国公民、个体工商户、个人独资企业、合伙企业以及在中国有所得的外籍人员（包括无国籍人员，下同）和我国香港、澳门、台湾的同胞。上述纳税人依据住所和居住时间两个标准，区分为居民和非居民，分别承担不同的纳税义务。

#### （一）居民纳税人

居民纳税人负有无限纳税义务，要就其来源于中国境内外的全部所得缴纳个人所得税。

根据我国税法规定，居民纳税人是指在中国境内有住所，或者无住所而一个纳税年度内在中国境内居住满一年的个人。

所谓在中国境内有住所的个人，是指因户籍、家庭、经济利益关系，而在中国境内习惯性居住的个人。所谓习惯性居住，是判定纳税义务人是居民或非居民的一个法律意义上的标准，不是指实际居住或在某一个特定时期内的居住地。如因学习、工作、探亲、旅游等在中国境外居住，在其原因消除之后，必须回到中国境内居住的个人，则中国即为该纳税人习惯性居住地。

所谓在中国境内居住满一年，是指在一个纳税年度（即公历 1 月 1 日起至 12 月 31 日止，下同）内，在中国境内居住满三百六十五日。在计算居住天数时，对临时离境应视同在华居住，不扣减其在华居住的天数。这里所说的临时离境，是指在一个纳税年度内，一次不超过三十日或者多次累计不超过九十日的离境。

#### （二）非居民纳税人

非居民纳税人负有限纳税义务，即仅就其来源于中国境内的所得，向中国缴纳个

人所得税。非居民纳税人是指在中国境内无住所又不居住的，或无住所而一个纳税年度内在中国境内居住累计不满一百八十三天的个人。

### （三）所得来源地的判定

所得来源地是确定某项所得是否应该征收个人所得税的重要依据。我国个人所得税对纳税人所得来源地规定如下。

（1）工资、薪金所得，以纳税人任职、受雇的公司、企业、事业单位、机关、团体、部队、学校等单位的所在地作为所得来源地。

（2）生产、经营所得，以生产、经营活动实现地作为所得来源地。

（3）劳务报酬所得，以纳税人实际提供劳务的地点作为所得来源地。

（4）不动产转让所得，以不动产坐落地为所得来源地；动产转让所得，以实现转让的地点为所得来源地。

（5）财产租赁所得，以被租赁财产的使用地作为所得来源地。

（6）利息、股息、红利所得，以支付利息、股息、红利的企业、机构、组织的所在地作为所得来源地。

（7）特许权使用费所得，以特许权的使用地作为所得来源地。

所得来源地与所得支付地并不是同一概念，有时两者是相同的，有时却是不相同的。根据上述原则和方法，来源于中国境内的所得有以下几个方面。

（1）在中国境内的公司、企业、事业单位、机关、社会团体、部队、学校等单位或经济组织中任职、受雇而取得的工资、薪金所得。

（2）在中国境内提供各种劳务而取得的劳务报酬所得。

（3）在中国境内从事生产、经营活动而取得的所得。

（4）个人出租的财产，被承租人在中国境内使用而取得的财产租赁所得。

（5）转让中国境内的房屋、建筑物、土地使用权，以及在中国境内转让其他财产而取得的财产转让所得。

（6）提供在中国境内使用的专利权、专有技术、商标权、著作权，以及其他各种特许权利而取得的特许权使用费所得。

（7）因持有中国的各种债券、股票、股权而从中国境内的公司、企业或其他经济组织以及个人取得的利息、股息、红利所得。

（8）在中国境内参加各种竞赛活动取得名次的奖金所得；参加中国境内有关部门和单位组织的有奖活动而取得的中奖所得；购买中国境内有关部门和单位发行的彩票取得的中彩所得。

（9）在中国境内以图书、报刊方式出版、发表作品取得的稿酬所得。

## 二、个人所得税的应税所得项目

个人所得税法规定的应税所得项目有以下几个方面。

### （一）工资、薪金所得

工资、薪金所得，是指个人因任职或者受雇而取得的工资、薪金、资金、年终加薪、劳动分红、津贴、补贴以及与任职或者受雇有关的其他所得。

### （二）个体工商户的生产、经营所得

个体工商户的生产、经营所得，是指：

（1）个体工商户从事工业、手工业、建筑业、交通运输业、商业、饮食业、服务业、修理业及其他行业取得的所得。

（2）个人经政府有关部门批准，取得执照，从事办学、医疗、咨询以及其他有偿活动取得的所得。

（3）其他个人从事个体工商业生产、经营取得的所得。

（4）个人因从事彩票代销业务取得的所得。

（5）其他个人从事个体工商户取得的生产、经营所得。

个人独资企业和合伙企业的生产经营所得，比照“个体工商户的生产经营所得”应税项目，征收个人所得税。

### （三）对企事业单位的承包经营、承租经营所得

对企事业单位的承包经营、承租经营所得，是指个人承包经营或承租经营以及转包、转租取得的所得。承包项目可分多种，如生产经营、采购、销售、建筑安装等各种承包。转包包括全部转包或部分转包。

### （四）劳务报酬所得

劳务报酬所得，是指个人独立从事各种劳务所取得的所得。具体应税劳务项目包括设计、装潢、安装、制图、化验、测试、医疗、法律、会计、咨询、讲学、新闻、广播、翻译、审稿、书画、雕刻、影视、录音、录像、广告、展览、技术服务、介绍、经纪、代办和其他服务。

### （五）稿酬所得

稿酬所得，是指个人因其作品为图书、报刊形式出版、发表而取得的所得。将稿酬所得独立划归一个征税项目，主要目的是对依靠较高智力从事创作精神产品的劳务活动给予适当优惠。

### （六）特许权使用费所得

特许权使用费所得，是指个人提供或转让专利权、商标权、著作权、非专利技术以及其他特许使用权取得的所得。其中，提供著作权的使用权取得的所得，不包括稿酬所得。

### （七）利息、股息、红利所得

利息、股息、红利所得，是指个人拥有债权、股权而取得的利息、股息、红利所得。利息，是指个人拥有债权而取得的利息，包括存款利息、贷款利息和各种债券利息。股息、红利，是指个人拥有股权取得的股息、红利。按照一定的比率对每股发给的息金，叫作股息；公司、企业应分配的利润，按股份分配的叫作红利。股息、红利所得，除另有规定外，都应当缴纳个人所得税。

### （八）财产租赁所得

财产租赁所得，是指个人出租建筑物、土地使用权、机器设备、车船以及其他财产取得的所得。

个人取得的财产转租收入，属于“财产租赁所得”的征税范围，由财产转租人缴纳个人所得税。在确认纳税义务人时，应以产权凭证为依据；对无产权凭证的，由主管税务机关根据实际情况确定。产权所有人死亡，在未办理产权继承手续期间，该财产出租而有租金收入的，以领取租金的个人为纳税人。

### （九）财产转让所得

财产转让所得，是指个人转让有价证券、股权、建筑物、土地使用权、机器设备、车船以及其他财产取得的所得。考虑到我国股市的实际情况和股票转让收益的特殊性，国家决定在近年内对股票转让所得暂不征收个人所得税。除此之外，转让其他财产的所得，应当依法缴纳个人所得税。

### （十）偶然所得

偶然所得，是指个人得奖、中奖、中彩以及其他偶然性质的所得。得奖是指参加各种有奖竞赛活动，取得名次得到的奖金；中奖、中彩是指参加各种有奖活动，如有奖销售、有奖储蓄，或者购买彩票，经过规定程序，抽中、摇中号码而取得的奖金。偶然所得应缴纳的个人所得税税款，一律由发奖单位或机构代扣代缴。

### （十一）经国务院财政部门确定征税的其他所得

除上述列举的各项个人应税所得外，其他确有必要征税的个人所得，由国务院财政部门确定。个人取得的所得，难以界定应纳税所得项目的，由主管税务机关确定。

## 三、应纳税所得额和税率

不同的应税项目，其应纳税所得额的计算标准和方法是不同的，其所适用的税率也是不同的。

### （一）应纳税所得额

确定个人所得税应纳税所得额，需按上述不同应税项目分项进行，以某项应税项目的收入额减去税法规定的可扣除费用的余额为应纳税所得额。

#### 1. 费用扣除标准

（1）工资、薪金所得。以每月收入额扣除费用5000元后的余额，为应纳税所得额。

考虑到外籍人员和在境外工作的中国公民的生活水平比国内公民要高，而且我国汇率的变化情况对他们的工资、薪金所得也有一定的影响。为了不因征收个人所得税而加重他们的负担，对在中国工作或任职的外籍人员和在境外工作的中国公民的工资、薪金所得，除每月扣除5000元的费用外，还允许额外扣除1300元，合计扣除6300元。

（2）个体工商户生产、经营所得。以每一纳税年度的收入总额，扣除成本、费用以及损失后的余额，为应纳税所得额。

个体工商户取得与生产、经营活动无关的各项应税所得，分别按各应税项目的规定计算征收个人所得税，不与生产、经营所得合并计算。

个体工商户的成本、费用，是指纳税人从事生产、经营所发生的各项直接支出和分配计入成本的间接费用以及销售费用、管理费用、财务费用；损失，是指纳税人在生产、经营过程中发生的各项营业外支出。

从事生产、经营的纳税人未提供完整、准确的纳税资料，不能正确计算应纳税所得额的，由主管税务机关核定其应纳税所得额。

个人独资企业和合伙企业应纳税所得额的计算，参照个体工商户的生产、经营所得计算。

个人独资企业的投资者以全部生产经营所得为应纳税所得额；合伙企业的投资者按照合伙企业的全部生产经营所得和合伙协议约定的分配比例确定应纳税所得额，合伙协议没有约定分配比例的，以全部生产经营所得和合伙人数量平均计算每个投资者的应纳税所得额。

（3）对企事业单位的承包经营、承租经营所得。以每一纳税年度的收入总额，减除必要费用后的余额，为应纳税所得额。每一纳税年度的收入总额，是指纳税义务人按照承包经营、承租经营合同规定分给的经营利润和工资、薪金性质的所得；所谓减除必要费用，是指按月扣除5000元。

（4）劳务报酬所得、稿酬所得、特许权使用费所得、财产租赁所得。每次收入不超过4000元的，扣除费用800元；4000元以上的，扣除20%的费用，其余额为应纳税所得额。

（5）财产转让所得。以转让财产的收入减除财产原值和合理费用后的余额，为应纳税所得额。财产原值是指：

① 有价证券，为买入价以及买入时按照规定缴纳的有关费用。

② 建筑物，为建造费用或者购进价格以及其他有关费用。

③ 土地使用权，为取得土地使用权所支付的金额，开发土地的费用以及其他有关费用。

④ 机器设备、车船，为购进价格、运输费、安装费以及其他有关费用。

⑤ 其他财产，参照以上方法确定。

纳税义务人未提供完整、准确的财产原值凭证，不能正确计算财产原值的，由主管税务机关核定其财产原值。

合理费用，是指卖出财产时按照规定支付的有关费用。

（6）利息、股息、红利所得，偶然所得和其他所得，以每次收入额为应纳税所得额。

**2. 每次收入的确定**

《中华人民共和国个人所得税法》（以下简称《个人所得税法》）规定：对纳税人取得的劳务报酬所得，稿酬所得，特许权使用费所得，利息、股息、红利所得，财产租赁所得，偶然所得和其他所得等七项所得，按次计算征税。每次所得的具体确定规则如下。

（1）劳务报酬所得，根据不同劳务项目的特点，分别规定如下。

①只有一次性收入的，以取得该项收入为一次。

②属于同一事项连续取得收入的，以一个月内取得的收入为一次。

（2）稿酬所得，以每次出版、发表取得的收入为一次。具体如下。

① 同一作品再版取得的所得，应视作另一次稿酬所得计征个人所得税。

② 同一作品先在报刊上连载，然后再出版，或先出版，再在报刊上连载的，就视为两次稿酬所得征税。即连载作为一次，出版作为另一次。

③ 同一作品在报刊上连载取得收入的，以连载完成后取得的所有收入合并为一次，计征个人所得税。

④ 同一作品在出版和发表时，以预付稿酬或分次支付稿酬等形式取得的稿酬收入，应合并计算为一次。

⑤ 同一作品出版、发表后，因添加印数而追加稿酬的，应与以前出版、发表时取得的稿酬合并计算为一次，计征个人所得税。

（3）特许权使用费所得，以每一项使用权的每一次提供或转让所取得的收入为一次。如果收入是分期支付的，则应将各期收入相加为一次的收入，计征个人所得税。

（4）财产租赁所得，以一个月取得的收入为一次。

（5）利息、股息、红利所得，以支付利息、股息、红利时取得的收入为一次。

（6）偶然所得，以每次收入为一次。

（7）其他所得，以每次收入为一次。

3. 应纳税所得额的特殊规定

（1）个人将其所得通过中国境内的社会团体、国家机关向教育和其他社会公益事业以及遭受严重自然灾害地区、贫困地区捐赠，捐赠额未超过纳税义务人申报的应纳税所得额的 30% 的部分，可以从其应纳税所得额中扣除。

（2）个人的所得（不含偶然所得，经国务院财政部门确定征税的其他所得）用于资助非关联的科研机构和高等学校研究开发新产品、新技术、新工艺所发生的研究开发经费的资助的，可以全额在下月（工资、薪金所得）或下次（按次计征的所得）或当年（按年计征的所得）计征个人所得税时，从应纳税所得额中扣除，不足抵扣的，不得结转抵扣。

（3）个人通过非营利的社会团体和国家机关向农村义务教育的捐赠，准予在缴纳个人所得税前的所得额中全额扣除。

（4）个人取得的应纳税所得包括现金、实物和有价证券。所得为实物的，应当按照取得的凭证上所注明的价格计算应纳税所得额；无凭证的实物或者凭证上所注明的价格明显偏低的，由主管税务机关参照当地的市场价格核定应纳税所得额。所得为有价证券的，由主管税务机关根据票面价格和市场价格核定应纳税所得额。

（5）个人取得公务交通、通信补贴收入。

个人因公务用车和通信制度改革而取得的公务用车、通信补贴收入，扣除一定标准的公务费用后，按照“工资、薪金”所得项目计征个人所得税。按月发放的，并入当月“工资、薪金”所得计征个人所得税；不按月发放的，分解到所属月份并与该月份“工资、薪金”所得合并后计征个人所得税。

表 7–1　适用 5% ~ 45% 的九级超额累进税率

| 级数 | 全月应纳税所得额 | 税率 /% | 速算扣除数 |
|---|---|---|---|
| 1 | 不超过 500 元的 | 5 | 0 |
| 2 | 超过 500 ~ 2000 元的部分 | 10 | 25 |
| 3 | 超过 2000 ~ 5000 元的部分 | 15 | 125 |
| 4 | 超过 5000 ~ 20 000 元的部分 | 20 | 375 |
| 5 | 超过 20 000 ~ 40 000 元的部分 | 25 | 1375 |
| 6 | 超过 40 000 ~ 60 000 元的部分 | 30 | 3375 |
| 7 | 超过 60 000 ~ 80 000 元的部分 | 35 | 6375 |
| 8 | 超过 80 000 ~ 100 000 元的部分 | 40 | 10 375 |
| 9 | 超过 100 000 元的部分 | 45 | 15 375 |

## （二）税率

个人所得税的税率按所得项目不同分别确定，具体如下。

1. **工资、薪金所得**

适用 5%～45% 的九级超额累进税率，如表 7–1 所示。

2. **个体工商户的生产、经营所得；对企事业单位的承包、承租经营所得；个人独资企业、合伙企业所得**

适用 5%～35% 的五级超额累进税率，如表 7–2 所示。

表 7–2　适用 5%～35% 的五级超额累进税率

| 级数 | 全年应纳税所得额 | 税率 /% | 速算扣除数 |
| --- | --- | --- | --- |
| 1 | 不超过 5000 元的 | 5 | 0 |
| 2 | 超过 5000～10 000 元的部分 | 10 | 250 |
| 3 | 超过 10 000～30 000 元的部分 | 20 | 1250 |
| 4 | 超过 30 000～50 000 元的部分 | 30 | 4250 |
| 5 | 超过 50 000 元的部分 | 35 | 6750 |

3. **稿酬所得**

稿酬所得适用比例税率，税率为 20%，并按应纳税额减征 30%，故其实际税率为 14%。

4. **劳务报酬所得**

劳务报酬所得适用比例税率，税率为 20%。对劳务报酬所得一次收入畸高的，可以实行加成征收。

所谓“一次收入畸高”，是指个人一次取得劳务报酬，其应纳税所得额超过 2000 元。对应纳税所得额超过 20 000 元至 50 000 元的部分，依照税法规定计算应纳税额后再按照应纳税额加征五成；超过 50 000 元的部分，加征十成。因此，劳务报酬所得实际上适用 20%、30%、40% 的三级超额累进税率，如表 7–3 所示。

表 7–3　适用 20%、30%、40% 的三级超额累进税率

| 级数 | 每次应纳税所得额 | 税率 /% | 速算扣除数 |
| --- | --- | --- | --- |
| 1 | 不超过 20 000 元的部分 | 20 | 0 |
| 2 | 超过 20 000～50 000 元的部分 | 30 | 2000 |
| 3 | 超过 50 000 元的部分 | 40 | 7000 |

5. **特许权使用费所得**

利息、股息、红利所得，财产租赁所得，财产转让所得，偶然所得和其他所得，适用比例税率，税率为 20%。

## 四、应纳税额的计算

按税法的规定，不同的应税项目，按照各自的税率来计算，具体的计算方法如下。

### （一）工资、薪金所得

**1. 应纳税额计算的一般规定**

应纳税额=应纳税所得额×适用税率–速算扣除数

=(每月收入额–5000或6300元)×适用税率–速算扣除数

**2. 应纳税额计算的特殊规定**

（1）个人取得全年一次性奖金的征税问题。全年一次性奖金是指行政机关、企事业单位等扣缴义务人根据其全年经济效益和对雇员全年工作业绩的综合考核情况，向雇员发放的一次性奖金。

上述一次性奖金也包括年终加薪、实行年薪制和绩效工资办法的单位根据考核情况兑现的年薪和绩效工资。

纳税人取得全年一次性奖金，单独作为一个月工资、薪金所得计算纳税，并按以下计税办法，由扣缴义务人发放时代扣代缴。

① 先将雇员当月内取得的全年一次性奖金除以十二个月，按其商数确定适用税率和速算扣除数。

如果在发放年终一次性奖金的当月，雇员当月工资薪金所得低于税法规定的费用扣除额，应将全年一次性奖金减除“雇员当月工资薪金所得与费用扣除额的差额”后的余额，按上述办法确定全年一次性奖金的适用税率和速算扣除数。

② 将雇员个人当月内取得的全年一次性奖金，按①所确定的适用税率和速算扣除数计算征税，计算公式如下。

如果雇员当月工资薪金所得高于（或等于）税法规定的费用扣除额的，适用公式为

应纳税额=雇员当月取得全年一次性奖金×适用税率–速算扣除数

如果雇员当月工资薪金所得低于税法规定的费用扣除额的，适用公式为

应纳税额=（雇员当月取得全年一次性奖金–雇员当月工资薪金所得与费用扣除额的差额）×适用税率–速算扣除数

在一个纳税年度内，对每一个纳税人，该计税办法只允许采用一次。

实行年薪制和绩效工资的单位，个人取得年终兑现的年薪和绩效工资也按这一办法计算缴纳个人所得税。

雇员取得除全年一次性奖金以外的其他各种名目奖金，如半年奖、季度奖、加班奖、先进奖、考勤奖等，一律与当月工资、薪金收入合并，按税法规定缴纳个人所得税。

（2）特定行业职工取得的工资、薪金所得的应纳税额的计算。为了照顾采掘业、远洋运输业、远洋捕捞业因季节、产量等因素的影响，职工的工资、薪金收入呈现较大幅度波动的实际情况，对这三个特定行业的职工取得的工资、薪金所得，可按月预缴，年度终了后三十日内，合计其全年工资、薪金所得，再按十二个月平均并计算实际应纳的税款，多退少补。其适用公式表示为

应纳税所得额=［(全年工资、奖金收入÷12–标准费用扣除额)×适用税率–速算扣除数］×12

## （二）个体工商户、个人独资企业和合伙企业的生产经营所得

个体工商户、个人独资企业和合伙企业的生产经营所得应纳税额的计算公式为

应纳税额=应纳税所得额×适用税率–速算扣除数

=(全年收入总额–成本、费用以及损失)×适用税率–速算扣除数

这里需要指出的是：

（1）个体工商户业主的费用扣除标准，自2019年1月1日起，统一确定为每年60 000元，即每月5000元。

（2）从业人员的工资扣除标准，由各省、自治区、直辖市地方税务机关确定。

（3）个体工商户在生产、经营期间借款的利息支出，凡有合法证明的，不高于按金融机构同类、同期贷款利率计算的数额的部分，准予扣除。

（4）个体工商户或个人专营种植业、养殖业、饲养业、捕捞业不计算征收个人所得税。兼营上述四业并且四业的所得单独核算的，比照上述原则办理。

对个体工商户、个人独资企业和合伙企业生产经营所得，其个人所得税应纳税额的计算和征收可采用以下两种办法。

第一种：查账征税。

（1）费用扣除标准，自2019年1月1日起，统一确定为每年60 000元，即每月5000元。投资者的工资不得在税前扣除。

（2）企业从业人员的工资支出按标准在税前扣除，具体标准由各省、自治区、直辖市地方税务局参照企业所得税工资标准确定。

（3）投资者及其家庭发生的生活费用不允许在税前扣除。投资者及其家庭发生的生活费用与企业生产经营费用混合在一起，并且难以划分的，全部视为投资者个人及其家庭发生的生活费用，不允许在税前扣除。

（4）企业生产经营和投资者及其家庭生活共用的固定资产，难以划分的，由主管税务机关根据企业的生产经营类型、规模等具体情况，核定准予在税前扣除的折旧费用的数额或比例。

（5）企业实际发生的工会经费、职工福利费、职工教育经费分别在其计税工资总额的2%、14%、1.5%的标准内据实扣除。

（6）企业每一纳税年度发生的广告和业务宣传费用不超过当年销售（营业）收入15%的部分，可据实扣除，超过部分可无限期向以后的纳税年度结转。

（7）企业每一纳税年度发生的与其生产经营业务直接相关的业务招待费，在以下规定比例范围内，可据实扣除：全年销售（营业）收入净额在1500万元及其以下的，不超过全年销售（营业）收入净额的5‰；全年销售（营业）收入净额超过1500万元的，不超过该部分的3‰。

（8）企业计提的各种准备金不得扣除。

（9）投资者兴办两个或两个以上企业，并且企业性质全部是独资的，年度终了后汇算清缴时，应纳税款的计算按以下方法进行：汇总其投资兴办的所有企业的经营所得作为应纳税所得额，以此确定适用税率，计算出全年经营所得的应纳税额，再根据每个企业的经营所得占所有企业经营所得的比例，分别计算出每个企业的应纳税额和应补缴税额。其计算公式如下：

①应纳税所得额 =Σ 各个企业的经营所得

②应纳税额 = 应纳税所得额 × 税率 – 速算扣除数

③本企业应纳税额 = 应纳税额 × 本企业的经营所得 ÷ Σ 各企业的经营所得

④本企业应补缴的税额 = 本企业应纳税额 – 本企业预缴的税额

第二种：核定征收。

核定征收方式包括定额征收、核定应税所得率征收以及其他合理的征收方式。

实行核定应税所得率征收方式的，应纳所得税额的计算公式如下：

（1）应纳所得税额 = 应纳税所得额 × 适用税率

（2）应纳税所得额 = 收入总额 × 应税所得率或 = 成本费用支出额 ÷(1– 应税所得率）× 应税所得率

## 五、境外所得已纳个人所得税的抵免

纳税义务人从中国境外取得的所得，准予其在应纳税额中扣除已在境外缴纳的个人所得税税额。但扣除额不得超过该纳税义务人境外所得依照中国个人所得税法规定计算的应纳税额。

所谓已在境外缴纳的个人所得税税额，是指纳税义务人从中国境外取得的所得，依照该所得来源国家或者地区的法律应当缴纳并且实际已经缴纳的税额。所谓依照中国个人所得税法规定计算的应纳税额，是指纳税义务人从中国境外取得的所得，区别不同国家或者地区和不同应税项目，依照中国个人所得税法规定的费用减除标准和适用税率计算的应纳税额；同一国家或者地区不同应税项目，依照中国个人所得税法计算的应纳税额之和，为该国家或者地区的抵免限额。总之，中国实行的是分国不分项的抵免限额计算办法。

纳税人在中国境外一个国家或者地区实际已经缴纳的个人所得税税额，低于依照上述规定计算出的该国家或者地区抵免限额的，应当在中国缴纳差额部分的税款；超过该国家或者地区抵免限额的，其超过部分不得在本纳税年度的应纳税额中扣除，但是可以在以后纳税年度的该国家或者地区抵免限额的余额中补扣，补扣期限最长不得超过五年。

## 六、税收优惠

### （一）下列各项个人所得，免征个人所得税

（1）省级人民政府、国务院部委和中国人民解放军军以上单位，以及外国组织颁发的科学、考试、技术、文化、卫生、体育、环境保护等方面的奖金。

（2）国债利息和国家发行的金融债券利息。这里所说的国债利息，是指个人持有中华人民共和国财政部发行的债券而取得的利息所得；这里所说的国家发行的金融债券利息，是指个人持有经国务院批准发行的金融债券而取得的利息所得。

（3）按照国家统一规定发给的补贴、津贴。这里所说的按照国家统一规定发给的补贴、津贴，是指按照国务院规定发给的政府特殊津贴和国务院规定免纳个人所得税的补贴、津贴。发给中国科学院资深院士和中国工程院资深院士每人每年 1 万元的资深院士津贴免予征收个人所得税。

（4）福利费、救济金。这里所说的福利费，是指根据国家有关规定，从企业、事业单位、国家机关、社会团体提留的福利费或者工会经费中支付给个人的生活补助费；这里所说的救济金，是指国家民政部门支付给个人的生活困难补助费。

（5）保险赔款。

（6）军人的转业费、复员费。

（7）按照国家统一规定发给干部、职工的安家费、退职费、退休金、离休金、离休生活补助费。

（8）依照我国有关法律规定应予免税的各国驻华使馆、领事馆的外交代表、领事官员和其他人员的所得。上述“所得”，是指依照《中华人民共和国外交特权与豁免条例》和《中华人民共和国领事特权与豁免条例》规定免税所得。

（9）中国政府参加的国际公约以及签订的协议中规定免税的所得。

（10）关于发给见义勇为者的奖金问题。对乡、镇（含乡、镇）以上人民政府或经县（含县）以上人民政府主管部门批准成立的有机构、有章程的见义勇为基金或者类似性质组织，奖励见义勇为者的奖金或奖品，经主管税务机关核准，免征个人所得税。

（11）企业和个人按照省级以上人民政府规定的比例提取并缴付的住房公积金、医疗保险金、基本养老保险金、失业保险金，不计入个人当期的工资、薪金收入，免予

征收个人所得税。超过规定的比例缴付的部分计征个人所得税。

个人领取原提存的住房公积金、医疗保险金、基本养老保险金时，免予征收个人所得税。符合《失业保险条例》规定条件的失业人员，领取的失业保险金，免予征收个人所得税。

（12）对个人取得的教育储蓄存款利息所得，以及国务院财政部门确定的其他专项储蓄存款或者储蓄性专项基金存款的利息所得，免征个人所得税。

（13）储蓄机构内从事代扣代缴工作的办税人员取得的扣缴利息税手续费所得，免征个人所得税。

（14）经国务院财政部门批准免税的所得。

### （二）有下列情形之一的，经批准可以减征个人所得税

（1）残疾、孤老人员和烈属的所得。

（2）因严重自然灾害造成重大损失的。

（3）其他经国务院财政部门批准减税的。

### （三）下列所得，暂免征收个人所得税

（1）外籍个人以非现金形式或实报实销形式取得的住房补贴、伙食补贴、搬迁费、洗衣费。

（2）外籍个人按合理标准取得的境内、外出差补贴。

（3）外籍个人取得的探亲费、语言训练费、子女教育费等，经当地税务机关审核批准为合理的部分。

（4）个人举报、协查各种违法、犯罪行为而获得的奖金。

（5）个人办理代扣代缴税款手续，按规定取得的扣缴手续费。

（6）个人转让自用达五年以上，并且是唯一的家庭居住用房取得的所得。

（7）对按《国务院关于高级专家离休退休若干问题的暂行规定》和《国务院办公厅关于杰出高级专家暂缓离休审批问题的通知》精神，达到离休、退休年龄，但确因工作需要，适当延长离休、退休年龄的高级专家（含享受国家发放的政府特殊津贴的专家、学者），其在延长离休、退休期间的工资、薪金所得，视同离休金、退休金免征个人所得税。

（8）外籍个人从外商投资企业取得的股息、红利所得。

（9）凡符合下列条件之一的外籍专家取得的工资、薪金所得可免征个人所得税。

① 根据世界银行专项贷款协议由世界银行直接派往我国工作的外国专家。

② 联合国组织直接派往我国工作的专家。

③ 为联合国援助项目来华工作的专家。

④ 援助国派往我国专为该国无偿援助项目工作的专家。

⑤ 根据两国政府签订文化交流项目来华工作两年以内的文教专家，其工资、薪金

所得由该国负担的。

⑥ 根据我国大专院校国际交流项目来华工作两年以内的文教专家，其工资、薪金所得由该国负担的。

⑦ 通过民间科研协定来华工作的专家，其工资、薪金所得由该国政府机构负担的。

## 七、纳税申报

根据个人所得税法的相关规定，个人所得税的纳税办法有自行申报纳税和代扣代缴两种。

### （一）自行申报纳税

#### 1. 自行申报纳税的纳税义务人

凡依据个人所得税法负有纳税义务的纳税人，有下列情形之一的，应当按规定办理纳税申报。

（1）年所得 12 万元以上的。

（2）从中国境内两处或者两处以上取得工资、薪金所得的。

（3）从中国境外取得所得的。

（4）取得应税所得，没有扣缴义务人的。

（5）国务院规定的其他情形。

对于年所得 12 万元以上的纳税人，无论取得的各项所得是否已足额缴纳了个人所得税，均应当于纳税年度终了后向主管税务机关办理纳税申报。

对于第二项至第四项情形的纳税人，均应当于取得所得后向主管税务机关办理纳税申报。

年所得 12 万元以上的纳税人，不包括在中国境内无住所，且在一个纳税年度中在中国境内居住不满一年的个人。

从中国境外取得所得的纳税人，是指在中国境内有住所，或者无住所而在一个纳税年度中在中国境内居住满一年的个人。

#### 2. 申报内容

年所得 12 万元以上的纳税人，在纳税年度终了后，应当填写《个人所得税纳税申报表（适用于年所得 12 万元以上的纳税人申报）》，并在办理纳税申报时报送主管税务机关，同时报送个人有效身份证件复印件，以及主管税务机关要求报送的其他有关资料。

年所得 12 万元以上，是指纳税人在一个纳税年度取得以下各项所得的合计数额达到 12 万元：工资、薪金所得；个体工商户的生产、经营所得；对企事业单位的承包经营、承租经营所得；劳务报酬所得；稿酬所得；特许权使用费所得；利息、股息、红利所得；财产租赁所得；财产转让所得；偶然所得；经国务院财政部门确定征税的其他所得。

不含以下所得：免税所得、可以免税的来源于中国境外的所得、按照国家规定单位为个人缴付和个人缴付的基本养老保险费、基本医疗保险费、失业保险费、住房公积金。

各项所得的年所得按照下列方法计算。

（1）工资、薪金所得，按照未减除费用（每月5000元）及附加减除费用（每月1300元）的收入额计算。

（2）个体工商户的生产、经营所得，按照应纳税所得额计算。实行查账征收的，按照每一纳税年度的收入总额减除成本、费用以及损失后的余额计算；实行定期定额征收的，按照纳税人自行申报的年度应纳税所得额计算，或者按照其自行申报的年度应纳税经营额乘以应税所得率计算。

（3）对企事业单位的承包经营、承租经营所得，按照每一纳税年度的收入总额计算，即按照承包经营、承租经营者实际取得的经营利润，加上从承包、承租的企事业单位中取得的工资、薪金性质的所得计算。

（4）劳务报酬所得，稿酬所得，特许权使用费所得，按照未减除费用（每次800元或者每次收入的20%）的收入额计算。

（5）财产租赁所得，按照未减除费用（每次800元或者每次收入的20%）和修缮费用的收入额计算。

（6）财产转让所得，按照应纳税所得额计算，即按照以转让财产的收入额减除财产原值和转让财产过程中缴纳的税金及有关合理费用后的余额计算。

（7）利息、股息、红利所得，偶然所得和其他所得，按照收入额全额计算。

**3. 申报地点**

（1）年所得12万元以上的纳税人，纳税申报地点分别如下。

① 在中国境内有任职、受雇单位的，向任职、受雇单位所在地主管税务机关申报。

② 在中国境内有两处或者两处以上任职、受雇单位的，选择并固定向其中一处单位所在地主管税务机关申报。

③ 在中国境内无任职、受雇单位，年所得项目中有个体工商户的生产、经营所得或者对企事业单位的承包经营、承租经营所得（以下统称生产、经营所得）的，向其中一处实际经营所在地主管税务机关申报。

④ 在中国境内无任职、受雇单位，年所得项目中无生产、经营所得的，向户籍所在地主管税务机关申报。在中国境内有户籍，但户籍所在地与中国境内经常居住地不一致的，选择并固定向其中一地主管税务机关申报。在中国境内没有户籍的，向中国境内经常居住地主管税务机关申报。

（2）取得《个人所得税法》第二条第二项至第四项所得的纳税人，纳税申报地点分别如下。

① 从两处或者两处以上取得工资、薪金所得的，选择并固定向其中一处单位所在

地主管税务机关申报。

② 从中国境外取得所得的，向中国境内户籍所在地主管税务机关申报。在中国境内有户籍，但户籍所在地与中国境内经常居住地不一致的，选择并固定向其中一地主管税务机关申报。在中国境内没有户籍的，向中国境内经常居住地主管税务机关申报。

③ 个体工商户向实际经营所在地主管税务机关申报。

④ 个人独资、合伙企业投资者兴办两个或两个以上企业的，区分不同情形确定纳税申报地点，具体如下。

• 兴办的企业全部是个人独资性质的，分别向各企业的实际经营管理所在地主管税务机关申报。

• 兴办的企业中含有合伙性质的，向经常居住地主管税务机关申报。

• 兴办的企业中含有合伙性质，个人投资者经常居住地与其兴办企业的经营管理所在地不一致的，选择并固定向其参与兴办的某一合伙企业的经营管理所在地主管税务机关申报。

⑤ 除以上情形外，纳税人应当向取得所得所在地主管税务机关申报。

纳税人不得随意变更纳税申报地点，因特殊情况变更纳税申报地点的，需报原主管税务机关备案。

4. 申报期限

（1）年所得 12 万元以上的纳税人，在纳税年度终了后三个月内向主管税务机关办理纳税申报。

（2）个体工商户和个人独资、合伙企业投资者取得的生产、经营所得应纳的税款，分月预缴的，纳税人在每月终了后七日内办理纳税申报；分季预缴的，纳税人在每个季度终了后七日内办理纳税申报。纳税年度终了后，纳税人在三个月内进行汇算清缴。

（3）纳税人年终一次性取得对企事业单位的承包经营、承租经营所得的，自取得所得之日起三十日内办理纳税申报；在一个纳税年度内分次取得承包经营、承租经营所得的，在每次取得所得后的次月七日内申报预缴，纳税年度终了后三个月内汇算清缴。

（4）从中国境外取得所得的纳税人，在纳税年度终了后三十日内向中国境内主管税务机关办理纳税申报。

（5）纳税人取得其他各项所得需申报纳税的，在取得所得的次月七日内向主管税务机关办理纳税申报。

### （二）代扣代缴

代扣代缴就是扣缴义务人按照个人所得税法的相关规定，在支付时代扣代缴个人所得税。

# 第二节　个人所得税的筹划

个人所得税的筹划，主要围绕着下面三个方面来进行：第一，利用不同身份纳税人承担不同纳税义务的规定。我国个人所得税的纳税人分为居民纳税人和非居民纳税人。居民纳税人负有无限纳税义务，非居民纳税人承担有限纳税义务。第二，考虑影响应纳税额的因素。影响应纳税额的因素有两个，即应纳税所得额和税率。但由于个人所得税的税率采用了超额累进税率和比例税率，而税率又是根据应纳税所得额来确定的。所以就可以根据税法的相关规定，对应纳税所得额进行合理的安排和筹划，以降低税负。第三，利用个人所得税的税收优惠政策。现行个人所得税法规定了一系列的税收优惠政策，如减税、免税政策，因此，就可以充分利用这些优惠政策来对个人所得税进行安排，以减轻个人所得税负担。

## 一、纳税人身份的转换

我国个人所得税法将纳税人分为居民纳税人和非居民纳税人。居民纳税人负无限纳税义务，要就其来源于我国境内外的全部所得缴纳个人所得税；而非居民纳税人只负有限纳税义务，只就来源于中国境内的所得缴纳个人所得税。在具体判定纳税人身份时，又采用了时间标准和住所标准。因此，这就为纳税人身份的转换提供了条件。

纳税人身份的转换涉及的第二个问题是企业所得税纳税人和个人所得税纳税人身份的转换问题。由于对个体工商户、个人独资企业和合伙企业征收个人所得税，而对同样性质的公司制企业征收企业所得税，这就面临着选择缴纳何种税更合理的问题。

### （一）时间标准的使用

根据时间标准，在中国境内有住所，或者无住所而一个纳税年度内在中国境内居住累计满一百八十三天的个人属于中国的居民纳税人。所谓在中国境内居住满一年，是指在一个纳税年度（即公历 1 月 1 日起至 12 月 31 日止，下同）内，在中国境内居住累计满一百八十三天。在计算居住天数时，对临时离境应视同在华居住，不扣减其在华居住的天数。这里所说的临时离境，是指在一个纳税年度内，一次不超过三十日或者多次累计不超过九十日的离境。

对在中国境内居住满一年而不超过五年的个人，其在中国境内工作期间取得的由中国境内企业或个人雇主支付和由中国境外企业或个人雇主支付的工资薪金，均应申报缴纳个人所得税；其在临时离境工作期间的工资薪金所得，仅就由中国境内企业或个人雇主支付的部分申报纳税。

在中国境内居住超过五年的个人，从第六年起，应当就其来源于中国境外的全部所得缴纳个人所得税。个人在中国境内居住满五年，是指个人在中国境内连续居住满五年，即在连续五年中的每一纳税年度内均居住满一年。

除这些基本规定外，对外籍个人还单独规定了一些特殊规定，具体如下。

（1）对在一个纳税年度在中国境内连续或累计居住不超过九十天（一百八十三天），由中国境外雇主支付并且不是由该雇主的中国境内机构负担的工资薪金，免于申报缴纳个人所得税。对前述个人应仅就其实际在中国境内工作期间，由中国境内企业或个人雇主支付或者由中国境内机构负担的工资薪金所得申报纳税。但这一规定仅适用于临时来华工作和提供劳务的外籍人员。

（2）在中国境内无住所而在一个纳税年度在中国境内连续或累计工作超过九十日（一百八十三日）但不满一年的个人，其实际在中国境内工作期间取得的由中国境内企业或个人雇主支付和由境外企业或个人雇主支付的工资薪金所得，均应申报缴纳个人所得税；其在中国境外工作期间取得的工资薪金所得，不予征收个人所得税。

（3）担任中国境内企业董事或高层管理职务的个人，包括担任公司正、副（总）经理、各职能技师、总监及其他类似公司管理层职务的人，其取得的由该中国境内企业支付的董事费或工资薪金，应自其担任该中国境内企业董事或高层管理职务起，至其解除上述职务止的期间，无论其是否在中国境外履行职务，也无论其在中国居住的天数，均应申报缴纳个人所得税；其取得的由中国境外企业支付的工资薪金，应与中国境内企业支付的董事费或工资薪金合并纳税。

【例 7–1】美国人 Obama 受雇于微软总部，20×× 年全年都在微软中国公司工作，担任一般管理职务。20×× 年度虽多次回国，但每次都没有超过三十天，多次累计也未超过九十天。微软总部支付给他薪金折合人民币 1 200 000 元。根据时间标准，其属于我国的居民纳税人，因此，要就其来源于中国境内外的全部所得缴纳个人所得税。

此时，他在中国的税收负担为

$$[(1\ 200\ 000 \div 12-4800) \times 40\%-10\ 375] \times 12=332\ 460（元）$$

如果他稍微改变一下，一次离境超过三十天，或者多次离境超过九十天，则不属于中国的居民纳税人，仅就来源于中国境内的所得在我国纳税，而微软总部支付给他的薪金就无须在中国缴纳个人所得税。

【例 7–2】我国某企业从外国引进一大型设备，购买合同上规定：由外方派技术人员来指导调试，直到机组正常运行。外方在中国期间的食宿、交通统一由中方安排，不领取任何报酬。在安装调试期间，外方采取分批向中国派出技术人员的方法，每批人员在中国居住时间均控制在九十日之内。这样，这些外国技术人员在中国无须纳税。

需要注意的是，上述方法主要适用于居住在中国境内的外国人、海外侨胞和我国香港、澳门、台湾的同胞。他们可以利用我国个人所得税法对居民纳税人和非居民纳税人的认定来转换自己的纳税人身份，我国公民则难以通过这种变换来减轻自己的税收负担。

### （二）住所标准的使用

住所的变动主要是通过避免在某一个实行住所标准的国家拥有住所来从居民纳税人转换为非居民纳税人实现避税的目的。

### （三）个人所得税纳税人和企业所得税纳税人的选择

由于我国现行税法对个人所得税和企业所得税采用了不同的计征办法，因此这就为选择缴纳何种所得税提供了筹划的依据和空间。

个人可以选择的投资方式主要有：作为个体工商户从事生产经营、从事承包承租业务、成立个人独资企业、组建合伙企业、设立私营企业。在不同的投资方式下，投资者的税后收益是不同的，因此投资者在进行投资时需要对不同投资方式下的税收负担和税收收益情况进行测算，以选择最有利的投资方式。

一般情况下，在收入相同的情况下，个体工商户、个人独资企业、合伙企业的税负是一样的，因此，纳税人需要在上述形式和公司制企业之间进行选择。

成立公司制企业的主要方式是成立有限责任公司。从公司角度，这种情况下面临着两个层面的税收负担：第一，公司作为纳税人，应就公司的应纳税所得缴纳企业所得税；第二，作为投资者，在从企业分得股息、红利时，要按股息、红利所得缴纳20% 的个人所得税。由此就产生了重复征税问题。因此，一般来说，设立公司制的企业的税收负担相对于个体工商户、独资企业、合伙企业比较重。

但是，也应当注意，由于企业所得税允许大量的税前扣除，相对于个体工商户、个人独资企业、合伙企业，其在税前扣除的范围和数额方面都有较多的优势，而且企业若以有限责任公司形式出现，则只承担有限责任，风险相对较小。因此，纳税人需要结合自己的实际情况，综合测算税收负担，在全面权衡的基础上，选择最优的纳税义务人身份。

## 二、工资、薪金项目的筹划

在我国的个人所得税制中，工资、薪金项目是涉及面最广的一个所得项目，而且由于对工资、薪金所得适用 5%～45% 的超额累进税率，因此，对这一项目进行筹划有重要的意义，也有很大的筹划空间。

### （一）合理划分工资、薪金结构

按照个人所得税法的规定，独生子女补贴、执行公务员工资制度未纳入基本工资总额的补贴、津贴差额和家属成员的副食品补贴、托儿补助费、差旅费津贴、误餐补助等项目不属于工资、薪金性质的所得。但是在实务中，多数企事业单位在工资结构中并没有将独生子女补贴、托儿补助费、差旅费津贴、误餐补助单列出来，未能充分利用税法规定的免税政策。因此，在工资结构中，最好能够将独生子女补贴、托儿补助费、差旅费津贴、误餐补助等单列出来，以充分利用税法规定的不征税政策。

### （二）工资、薪金分摊法

在计算工资、薪金的应纳税额时，是以每个月取得的收入来计算的，并且按照应纳税所得额，采用超额累进税率。在这种情况下，就应当尽可能地使应税收入能够平均分摊到每个月，这样才会，使税收负担最低，相应地，可以获取最大的税后收益。

【例 7–3】某公司经理 1 ~ 12 月平均每个月的工资收入为 4000 元，另外每季度末都发放季度奖金 6000 元，合计年税前收入 72 000 元。财务也是按照这一发放办法代扣代缴个人所得税。后来，他学习了纳税筹划的相关知识，该经理向总经理提出改变现有的工资、薪金发放办法：把全年的收入平均分摊到每个月发放对个人更有利。

可以比较以下两种方案下的税后收入情况。

原方案：

应纳税额 =[(4000–2000) × 10%–25] × 8+[(10 000–2000) × 20%–375] × 4=6300（元）

税后收入 =72 000–6300=65 700（元）

新方案：

应纳税额 =[(6000–2000) × 15%–125] × 12=5700（元）

税后收入 =72 000–5700=66 300（元）

税收负担降低 600 元，相应地，税后收入增加 600 元。

因此，对工资、薪金收入最好能够平均分摊到每个月发放。但是在实践中，大部分企业在发放工资、薪金时，除基本工资外，还有很多月奖、季度奖和年终奖，这样会造成某些月份的收入畸高，从而适用更高一级的税率，无形中多缴纳了个人所得税。为了维护员工的利益，企业应该结合自己的实际情况，对全年的收入情况作一个合理的计划，尽可能让每个月的收入水平一致，尽量避免在某个月份发放较大数额的非年终奖性质的奖金。

### （三）工资、薪金福利化

对员工取得的与任职、受雇有关的现金、实物和有价证券，按规定都属于应税收入，其超过扣除标准的部分都应缴纳个人所得税。因此，就需要结合税法的规定，通过合理的安排来减少应税收入，但相应增加员工的非应税性福利。这样，在不减少员工实际的满足程度的基础上，一方面，可以降低个人所得税的税收负担；另一方面，由于这部分非应税性福利通常不计入企业的工资总额，因此，企业也就不需要缴纳相应的基本养老保险、基本医疗保险、生育保险、失业保险、工伤保险和公积金，也为企业减轻了税收负担。

通常情况下，可以通过下述办法为员工增加福利：由企业为员工的提供住宿；企业给员工提供培训机会；提供交通便利，如开通班车、免费接送职工上下班，或者每月报销一定额度的交通费用；为员工配备企业拥有所有权、员工拥有使用权的办公设施及用品，如笔记本电脑及电脑耗材等。通过这些办法减少个人支出，同时减少应税收入，降低其个人所得税负担，另外，还有利于提高员工的工作绩效，留住人才。

【例 7-4】贾某是杭州某公司的业务骨干，每月从公司获取工资、薪金所得 8000 元，由于在杭州没有自己的住房，因此，需要租房居住，每月付房租 2000 元。其实，在这种情况下有以下两个方案可供选择。

原方案：

应纳税额 =(8000−2000)×20%−375=825（元）

扣除房租后的税后可支配收入为

8000−825−2000=5175（元）

新方案：

由公司为其提供住房，同时，工资收入调整为 6000 元，在这一方案下：

应纳税额 =(6000−2000)×15%−125=475（元）

税后可支配收入为

6000−475=5525（元）

每个月税后可支配收入增加 5525−5175=350（元），但公司的实际支出并没有增加，反而还因为降低了公司的工资总额，进而可以减少基本养老保险、基本医疗保险、生育保险、失业保险和工伤保险。

【例 7-5】胡某既是某公司的总经理，同时也是公司的股东。现公司欲为其配备汽车：汽车由公司购买，总价值为 100 万元。该汽车预计使用 10 年，残值率为 5%，按直线法计提折旧，公司适用的所得税税率为 25%，汽车每年的固定使用费用为 2 万元，每年的油耗及修理费大约为 2 万元（可以取得专用发票）。该公司初步确定了下面两个方案。

方案一：公司将车辆所有权办到胡某个人名下，购车款由公司支付。

在这一方案下，用公司的资金为投资者个人购买的汽车，应当视为企业对个人投资者的利润分配，应按股息、红利项目缴纳个人所得税。在这一案例中，胡某应就其拥有所有权的汽车缴纳个人所得税 20 万元，汽车每年产生的费用 4 万元也由其本人以税后收入来支付。

方案二：公司将购买的车辆作为办公用车，所有权属于公司，但指定由胡某使用。

在这一方案中，由于汽车属于公司的固定资产，因此，折旧及日常费用可以税前扣除，油耗及修理费所缴纳的增值税可作进项税额抵扣。车的年折旧额为 9.5 万元，车辆的使用所发生的费用 4 万元可以在企业所得税前扣除，油耗及修理费发生的进项税额为 0.34 万元，对企业来说，每年可产生 3.375 万元的税后收益。

### （四）合理利用年终一次性奖金的计算办法

由于年终一次性奖金一年只能用一次，因此，年终一次性奖金如何发、发多少，就有了相当的筹划空间。

【例 7–6】C 先生为某公司总经理，实行年薪制，全年工资、薪金性质的应税收入 30 万元。原方案是每月工资先发 5000 元，年终一次性发奖金 24 万元。有没有更好的发放办法？

原方案：

平时个人所得税 =(5000–2000)×15%–125=325（元）

年终奖金 =240 000×20%–375=47 625（元）

个人所得税总额 =325×12+47 625=51 525（元）

新方案：

年终奖发 60 000 元，剩余 240 000 元分别在 12 个月内发放。

平时个人所得税 =(20 000–2000)×20%–375=3225（元）

年终奖金 =60 000×15%–125=8875（元）

个人所得税总额 =3225×12+8875=47 575（元）

稍微改变了一下发放办法，就可以节税 51 525–47 575=3950（元）

在采用年终一次性奖金时，应注意以下几个问题。

第一，要注意应税收入的微小变化所导致的税负跃升问题。

【例 7–7】某公司人事经理在确定其员工的年终奖数额时面临两个方案：一个方案是发放 6000 元；另一个方案是发放 6001 元。应如何选择？

如果发放 6000 元：

应纳税额 =6000×5%=300（元）

税后收入 =6000–300=5700（元）

如果发放 6001 元：

应纳税额 =6001×10%–25=575.1（元）

税后收入 =6001–575.1=5425.9（元）

税后收入的差额：5700–5425.9=274.1（元）

这个极端的例子说明，在发放年终奖时一定要注意税率的临界点问题，这个问题的产生与年终一次性奖金的计算办法有关。

【例 7–8】A、B 两个人是同一个公司的职员，年末根据考评情况，由于 B 的表现优于 A，因此，公司将 A、B 的年终奖分别确定为 24 000 元、25 000 元。但这一办法却招致 B 的不满，原因如下。

对 A：

应纳税额 =24 000×10%–25=2375（元）

税后收入 =24 000–2375=21 625（元）

对 B：

应纳税额 =25 000 × 15%–125=3625（元）

税后收入 =25 000–3625=21 375（元）

因此，在发放年终一次性奖金时，要特别注意个人的税后收入能否达到奖励先进的目的。

第二，由于年终一次性奖金的计算办法每年只能用一次，其他各种名目的奖金都需要计入方法的当月，与当月的工资、薪金所得合并缴纳企业所得税，但实务中却又存在着各种名目的奖金。在这种情况下，可以根据员工的考核情况，先把给员工的奖金以借款的形式发给员工，到了年终时再把各种类型的奖金一次性发给员工，同时扣除员工的借款，这样可以把所有奖金都按年终一次性奖金的办法计税，达到减轻税负的目的。

第三，要根据员工的全年收入水平合理确定最优的年终一次性奖金的数额。一般情况下，应该使平时工资的税率与年终奖的税率一致或低一档次，此时税负最轻。

## 三、纳税项目转换

我国现行个人所得税实行分类课征的制度，各类所得在纳税时，按各自所属的项目采取不完全相同的计税办法。这样，对同一笔所得，当它被归属为不同的收入项目时，其税收负担是不同的。在纳税筹划时，就可以根据具体应税收入情况，通过一定的方式选择应纳税所得种类，合理地降低税负。

## 四、其他收入项目的筹划

### （一）劳务报酬所得的筹划

对劳务报酬所得的筹划主要是围绕三点来进行的：第一，劳务报酬所得名义上是适用 20% 的比例税率，但对一次性收入畸高的实行加成征税，因此，实质上实行的是超额累进税率，要避免一次性取得畸高的收入；第二，对劳务报酬所得的税前扣除，采用了定额扣除和比例扣除两种办法，因此，可以利用定额扣除超过比例扣除的规定以及每次收入的确定办法来分多次取得收入；第三，可以通过由接受劳务的一方负担相关费用的办法来减少应纳税所得额。

个人在提供劳务服务时，一般都会发生一些费用，如住宿、交通等必要支出，如果将这部分由个人用税后收入来承担的费用改由企业提供相应的服务，虽然提供劳务报酬的所得因接受对方的服务而降低，但同时也达到减轻税收负担的目的。这比直接获得较高的劳务报酬，但支付较多的税收有利。

### （二）稿酬所得的筹划

对稿酬所得的筹划主要是围绕两点来进行的：第一，稿酬所得的税前扣除，采用了定额扣除和比例扣除两种办法，因此可以利用定额扣除超过比例扣除的规定以及每次收入的确定办法来分多次或多人取得收入；第二，可以通过由出版社或出版商负担相关费用的办法来减少应纳税所得额。

对于某些著作，在不影响发行量和影响力的情况下，可以选择这一办法。如果分解为系列丛书会影响发行量和影响力，或者因为分解会增加额外的成本费用，则这一方法的使用就会受到限制，在某些情况下甚至会得不偿失。

### （三）住房出租的筹划等

住房出租主要是利用个人所得税中对住房出租的相关规定和计税办法来对出租行为做出合适的安排，以降低税收负担。

[例 7-9] 2 月王先生将暂时闲置的居住用房出租，租期九个月。税务机关根据王先生的实际情况，核定其每月应纳税所得额为 4800 元，每月应纳个人所得税 480 元。3 月租户发现房屋存在漏水等不影响居住的因素，要求王先生维修，王先生了解到，维修费用大约 6000 元，工期需要十天左右。那么，王先生应该现在维修，还是等出租期满再维修？

方案一：现在维修。

应纳税额合计 =480+(4800−800) × 10% × 7+(4800−400) × 10%=3720( 元 )

方案二：出租期满后维修。

应纳税额合计 =480 × 9=4320( 元 )

如果选择现在维修，则可降低税收负担 600 元。

在这一案例中应注意以下三个方面的问题。

第一，要考虑到维修期内可能要给承租方一定的补偿，如果补偿低于 600 元，则应选择现在维修，否则，应选择出租期满后维修。

第二，房屋的维修费用，需要取得合法、有效的凭据，才能在税前扣除，因此，在支付维修费用时，一定要向维修人员索取合法、有效的房屋维修发票，并及时报经地方主管税务机关核实。

第三，如果纳税人要对自己的租赁房产进行维修，就应该选择在房产租赁期间进行，而且维修费用越大，就越应提早进行，这样，可以使得维修费用充分地在税前列支，从而减少应缴纳的税款，达到减轻税负的目的。相反，如果纳税人将维修房产的时间定在自己使用而非租赁期间，那么这笔维修费用就无法得到抵扣，在无形中增加了自己的税负。

【例 7-10】刘某将在县城所拥有的一幢二层楼出租给某贸易公司，每月取得租金收入 20 000 元。贸易公司进住后，刘某发现贸易公司将二楼的四间房作为员工的宿舍来使用。刘某应该如何进行税务目的的安排?

应纳增值税 =20 000 × 5%=1000(元)

应纳城市维护建设税:1000 × 5%=50(元)

应纳教育费附加 =1000 × 3%=30(元)

应纳房产税 =20 000 × 12%=2400(元)

上述合计应纳税额 =3480(元)

应纳个人所得税 =(20 000−3480) × (1−20%) × 20%=2643.2(元)

税后收入 =20 000−3480−2643.2=13 876.8(元)

后来刘某经咨询，发现如果把二楼的房间改变出租性质，改为出租居住用房，则可以享受各种税收优惠。后来与贸易公司商量修改合同，将二楼的房间定性为居住用房，租金 1 万元，一楼的租金也确定为 1 万元。

在新方案下:

应纳增值税 =10 000 × 5%+10 000 × 3%=800(元)

应纳城市维护建设税 =800 × 5%=40(元)

应纳教育费附加 =800 × 3%=24(元)

应纳房产税 =10 000 × 12%+10 000 × 4%=1600(元)

上述合计应纳税额 =2464(元)

应纳个人所得税 =(10 000−1232) × (1−20%) × 20%+(10 000−1232) × (1−20%) × 10%=2104.32(元)

税后收入 =20 000−2464−2104.32=15 431.68(元)

节税:15 431.68−13 876.8=1554.88(元)

在这一案例中，应注意以下问题。

第一，纳税人兼有不同税收应税行为的，应分别核算不同税目的营业额，未分别核算的，从高适用税率。因此，在签订房屋合同时，就需要在合同中列明不同用途房屋的出租金额。

第二，纳税人必须对优惠项目和不优惠项目分别核算，否则不得享受优惠，因此，在签订房屋出租合同时，要明确规定房屋的用途。

## 五、利用税收优惠政策

现行的个人所得税规定了一系列的优惠政策，如买卖股票的差价收入、从基金分配中取得的收入、购买国债和国家发行的金融债券所取得的利息收入、教育储蓄存款的利息收入都免征个人所得税，因此，可以充分利用这些优惠政策来降低个人所得税负。

另外，个人按照规定的比例缴付基本养老保险金、失业保险金、医疗保险金，不计个人当期的工资、薪金收入，免于缴纳个人所得税。因此，通过足额缴纳基本养老保险金、失业保险金、医疗保险金和住房公积金，可以有效地节约税收成本，也有利于留住优秀人才。

个人缴纳部分：

养老保险金=工资×8%

医疗保险金=工资×2%

失业保险金=工资×0.3%

住房公积金=工资×12%

企业缴纳部分：

养老保险金=工资×16%

医疗保险金=工资×8%

失业保险金=工资×0.7%

住房公积金=工资×12%

由于单位缴纳的部分在计算企业所得税时允许税前扣除，所以，不需要纳税调整。而且社会保险缴纳后绝大部分归个人所有，因此，单位、个人缴纳的比例越多，个人得到的实惠就越多。

但在进行保险基金等纳税筹划时应注意以下两点。

第一，要详细了解国家的有关政策和当地政府的具体规定，并进行相关测算。对于国家规定允许支出并在计算企业所得税和个人所得税时可税前扣除的有关补贴，如物价补贴、住房补贴、防寒取暖费等，应在制作工资表时在规定限额内分项列出。

第二，应与员工充分进行沟通、解释，以免因为工资的调整影响员工工作的积极性。

## 第三节　个人所得税的会计处理

个人所得税的会计处理，因其征税项目的性质不同，可以分为四种类型：一是扣税义务人代扣代缴个人所得税的会计处理，包括代扣工资、薪金所得税的会计处理和其他各项所得税的会计处理；二是承包、承租经营所得应交个人所得税的会计处理；三是支付劳动报酬、特许权使用费、稿费、财产租赁费、储蓄存款利息、股息、红利等代扣代缴所得税的会计处理；四是个体工商户、个人独资、合伙企业的投资人应交个人所得税的会计处理。

# 一、扣税义务人代扣代缴个人所得税的会计处理

## （一）支付工资、薪金代扣代缴所得税的会计处理

工资、薪金所得项目的所得税，由支付工资、薪金所得的单位代扣代缴。而单位代扣代缴的个人所得税，实际上是个人工资、薪金所得的一部分。代扣时，借记“应付职工薪酬”账户，贷记“应交税费——应交个人所得税”等账户；上交代扣的个人所得税时，借记“应交税费——应交个人所得税”账户，贷记“银行存款”等账户。

【例 7-11】在某公司任职的中国公民张某，于 20×× 年 8 月取得工资、薪金收入 3800 元、奖金收入 1000 元。按规定该公司应代扣代缴应由张某承担的个人所得税，8 月该公式计算张某应缴纳的个人所得税并作会计处理如下：

应纳税所得额 =3800+1000–2000=2800（元）

应缴纳的个人所得税额 =2800×15%–125=295（元）

支付工资并代扣个人所得税时

借：应付职工薪酬　　4800

　　贷：银行存款（库存现金）　　4505

　　　　应交税费——应交个人所得税　　295

缴纳个人所得税时

借：应交税费——应交个人所得税　　295

　　贷：银行存款　　295

## （二）承包、承租经营所得应交个人所得税的会计处理

承包、承租经营有两种情况，个人所得税也分别涉及两个项目，具体如下。

（1）承包人、承租人对企业经营成果不拥有所有权，仅按合同（协议）规定取得一定所得的，其所得按工资、薪酬所得项目征税，适用 5%～45% 的超额累进税率。此时的个人所得税会计处理办法同工资、薪酬所得扣缴的所得税的会计处理。

（2）承包人、承租人按合同（协议）的规定只向发包方、出租方缴纳一定费用后，企业经营成果归其所有的，承包人、承租人取得的所得，按对企事业单位的承包、承租经营所得项目，适用 5%～35% 的超额累进税率计算缴纳。此种情况应由承包人、承租人自行申报缴纳个人所得税，发包人、出租人不作扣除所得税的会计处理。

对企事业单位的承包、承租经营取得的所得，如果由支付所得单位代扣代缴的，支付所得单位代扣代缴款时，借记“应付利润”账户，贷记“应交税费——应交个人所得税”账户；实际上交代扣税款时，借记“应交税费——应交个人所得税”，贷记“银行存款”等账户。

【例 7-12】张某 20×× 年 1 月 1 日起承包经营某一招待所，按合同规定，年终从

招待所经营利润中分得利润 60 000 元，此外，张某还每月从该招待所领取工资、薪酬 1200 元。该招待所为扣税义务人。计算张某应缴纳的个人所得税并作会计处理如下：

应纳税所得额 =( 60 000+1200 × 12 )−2000 × 12=50 400( 元 )

应纳所得税额 =50 400 × 35%−6750=10 890( 元 )

借：应付利润　　70 890

　　贷：应付利润　　60 000

　　应交税费——应交个人所得税　　10 890

招待所分出利润时

借：应付利润　　60 000

　　贷：库存现金　　60 000

上缴代扣的个人所得税时

借：应交税费——应交个人所得税　　10 890

　　贷：银行存款　　10 890

### （三）支付劳务报酬、特许权使用费、稿费、财产租赁费、储蓄存款利息、股息、红利等代扣代缴所得税的会计处理

企业支付给个人的劳务报酬、特许权使用费、稿费、财产租赁费应缴纳的所得税，一般由支付单位代扣代缴。在支付劳务报酬并代扣个人所得税时，借记“管理费用”“销售费用”等账户，贷记“应交税费——应交个人所得税”等账户；上缴代扣的个人所得税时，借记“应交税费——应交个人所得税”账户，贷记“银行存款”账户。

【例 7−13】某公司请某大学教授对员工进行为期两天的培训。该公司支付讲课费用 10 000 元，根据约定，个人所得税由教授个人承担。公司已按会计准则的规定计提了职工教育经费。该公司计算代扣代缴的个人所得税并作会计处理如下：

代扣的个人所得税 =10 000 × (1−20%) × 20%=1600( 元 )

支付讲课费并代扣个人所得税时

借：应付职工薪酬——职工教育经费　　10 000

　　贷：库存现金　　8400

　　应交税费——应交个人所得税　　1600

缴纳个人所得税时

借：应交税费——应交个人所得税　　1600

　　贷：银行存款　　1600

### （四）向个人购买财产（财产转让）代扣代缴所得税的会计处理

一般情况下，企业向个人购买财产属于固定资产的，所支付的税金应作为固定资产成本的组成部分。在购买固定资产并代扣个人所得税时，借记“固定资产”等账户，

贷记“银行存款”“应交税费——应交个人所得税”等账户；上缴代扣的个人所得税时，借记“应交税费——应交个人所得税”账户，贷记“银行存款”账户。

【例 7-14】刘某将自己 2012 年用 100 万元购入的一套住宅于 2018 年 8 月份装修后出售给甲公司，获财产转让所得 120 万元，出售前装修费用总支出为 13 万元。则会计处理如下：

刘某应交的个人所得税 =(1 200 000-1 000 000-130 000) × 20%=14 000（元）

甲公司购入房子并代扣个人所得税时

借：固定资产　1 200 000

　　贷：银行存款　1 186 000

　　应交税费——应交个人所得税　14 000

缴纳个人所得税时

借：应交税费——应交个人所得税　14 000

　　贷：银行存款　14 000

## 二、个体工商户、个人独资、合伙企业的投资人应交个人所得税的会计处理

个体工商户、个人独资和合伙企业设置“留存收益”账户核算留存利润，年度终了，计算结果如为本年经营所得，应将本年经营所得扣除可在税前弥补的以前年度亏损后的余额转入该账户的贷方；同时，计算确定本年度应缴纳的个人所得税，计入该账户的借方。

【例 7-15】某一个体企业某一纳税年度经过主管税务机关核定，按照上年度实际缴纳的个人所得税金额，确定本年度各月份的预交个人所得税的金额。上年度实际缴纳的个人所得税金额为 60 000 元。

本年各月份预交的个人所得税金额 =60 000 ÷ 12=5000（元）

每月预交时

借：应交税费——应交个人所得税　5 000

　　贷：银行存款　5 000

假定，年终汇算清缴的个人所得税金额为 73 000 元，会计处理如下：

借：留存收益　73 000

　　贷：应交税费——应交个人所得税　73 000

因为企业全年已经预交了个人所得税 60 000 元，所以，还应补交 13 000 元。补交个人所得税时的会计处理如下：

借：应交税费——应交个人所得税　13 000

贷：银行存款　　13 000

假定年终汇算清缴的个人所得税金额为 50 000 元。而全年已经预交了个人所得税 60 000 元，则多交的金额应由主管税务机关退回，企业实际收到退税时，会计处理如下：

借：银行存款　　10 000

贷：应交税费——应交个人所得税　　10 000

# 参考文献

[1] 杨新颖 .《营改增背景下税务会计理论与实务探析》出版：增值税改征增值税对公立医院财务管理的影响和应对策略 [J]. 介入放射学杂志，2022，31(5)：526.

[2] 胡吉东 . 企业税务会计与财务会计分离的必要性及对策探讨 [J]. 河南财政税务高等专科学校学报，2022，36(2)：10–13.

[3] 李荣荣 . 财务会计与税务会计的关系浅析 [J]. 中小企业管理与科技（上旬刊），2021(11)：104–106.

[4] 张婷婷 . 高校税务会计的问题探讨及创新、发展浅析 [J]. 商业经济，2021(10)：146–147+191.

[5] 殷敏 . 高校税务会计课程设计与改革研究 [J]. 知识经济，2019(10)：146–147.

[6] 陈淑薇 . 公司税务会计存在的问题及对策 [J]. 时代金融，2018(30)：173+176.

[7] 黄海燕 . 关于税务会计的理论框架的构想 [J]. 现代商贸工业，2018，39(10)：159–160.

[8] 邢忠明 . 税务会计模式的选择 [J]. 全国流通经济，2018(9)：94–96.

[9] 刘玉丽 . 我国税务会计模式探讨 [J]. 荆楚学刊，2018，19(1)：93–96.

[10] 吴敏 . 以应用型为导向税务会计课程改革研究 [J]. 行政事业资产与财务，2017(27)：89–90.

[11] 贺秀利 . 财务会计与税务会计的差异及协调 [J]. 中国乡镇企业会计，2017(7)：31–32.

[12] 谢晓宁 . 新会计准则下上市有关税务会计理论问题的再思考 [J]. 纳税，2017(9)：20.

[13] 刘雪雁，陈启英，王曙光 . 国外税务会计的实践经验及启示 [J]. 税务研究，2016(1)：87–90.

[14] 黄宁 . 高校税务会计理论探微 [J]. 教育财会研究，2014，25(4)：61–64.

[15] 朱明红 . 美国税务会计理论对我国的启示 [J]. 企业导报，2012(15)：140–141.

[16] 郭少洪 . 税务会计理论研究 [J]. 中国乡镇企业会计，2012(7)：59.

[17] 王菁，刘景娟 . 建立我国税务会计理论框架的思考 [J]. 商业会计，2012(13)：88–89.

[18] 李璐 . 关于税务会计理论在我国应用的研究 [J]. 现代商业，2009(24)：248.

[19] 盛常艳 . 税务会计理论结构研究 [D]. 天津：天津财经大学，2008.

[20] 施兵 . 税务会计理论结构初探 [J]. 中央财政金融学院学报，1995( 5 )：56–59.